バリューサイクル・マネジメント

新しい時代へアップデートし続ける
仕組みの作り方

沢渡あまね
amane sawatari

技術評論社

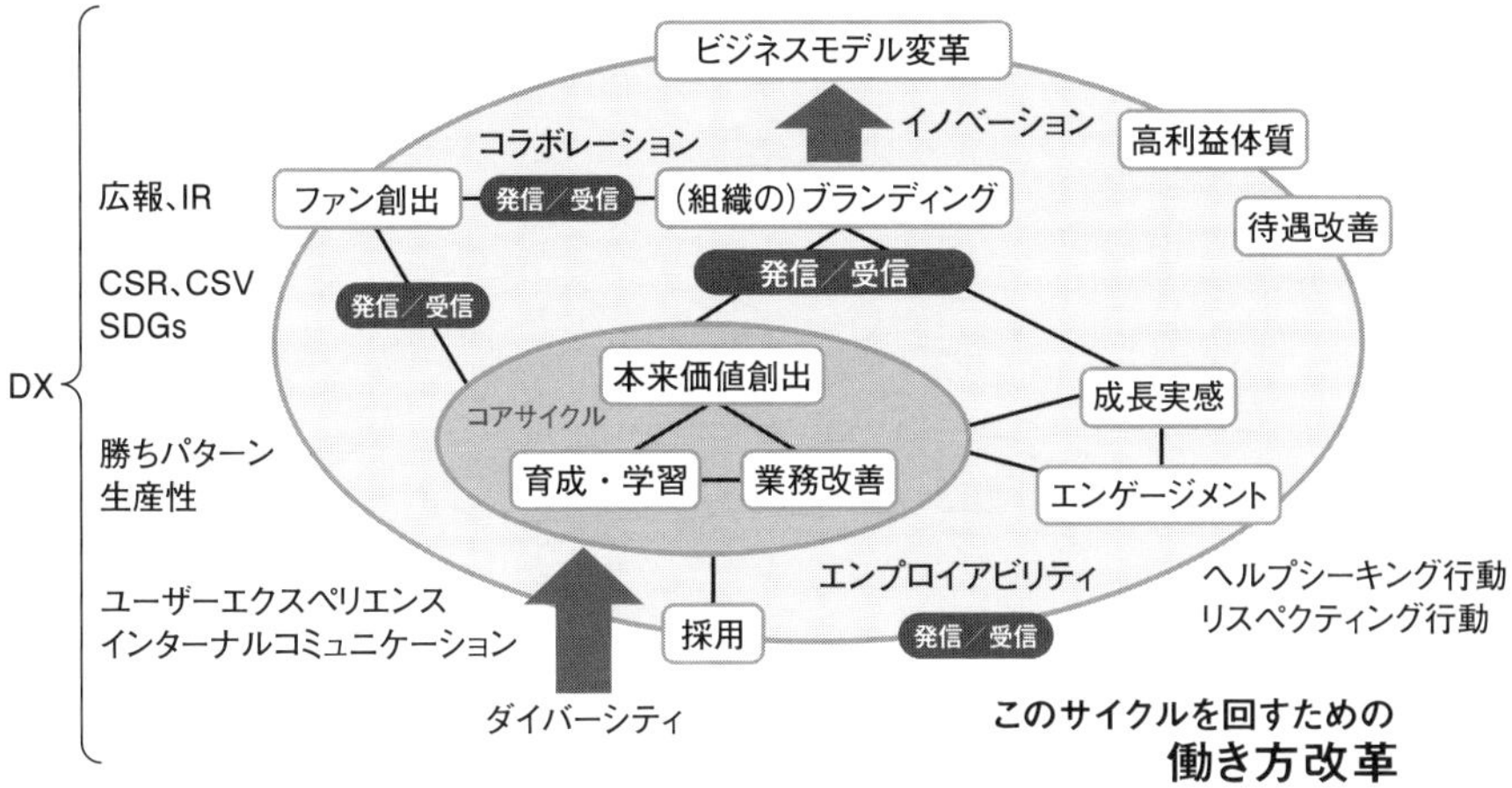
DX
広報、IR
CSR、CSV
SDGs
勝ちパターン
生産性
ユーザーエクスペリエンス
インターナルコミュニケーション
ビジネスモデル変革
イノベーション
コラボレーション
高利益体質
待遇改善
ファン創出
発信／受信
(組織の)ブランディング
発信／受信
発信／受信
本来価値創出
コアサイクル
成長実感
育成・学習
業務改善
エンゲージメント
エンプロイアビリティ
ヘルプシーキング行動
リスペクティング行動
採用
発信／受信
ダイバーシティ
このサイクルを回すための
働き方改革

健全な組織のバリューサイクル

はじめに　「週5日×8時間働かなくても幸せになれる社会」を目指して

マネジメントキーワードが日々生まれては独り歩きする現状

「私たちの働き方は、本当によくなったのか？」
「私たちは豊かになったのか？」

このシンプルな問いに、自信をもって「ＹＥＳ」と答えられる人が日本に果たしてどれだけいるであろうか？

- 働き方改革
- ダイバーシティ推進
- 女性活躍推進
- エンゲージメント

- ニューノーマル
- アフターコロナ／ウィズコロナ
- ガバナンス／コンプライアンス
- 採用強化
- DX
- SDGs
- ワーケーション

このような企業組織運営に関するキーワード（以降、本書では「マネジメントキーワード」と称する）が日々生まれては、決まって独り歩きする。

「働き方改革推進室」
「ダイバーシティ推進室」
「DX推進部」
「コンプライアンス推進担当」

経営トップの号令の下、企業や自治体はこれらの専任部隊を組織し、そのマネジメントキーワードの実現を目指す。あるいは、経営企画部や社長室のような、社長直轄の特命部隊に丸投げされる。しかしながら、それでうまくいくかというと、そうは問屋が卸さない。

●残業は減ったものの（「減らされた」を含む）、職場の雰囲気が悪くなった
●多様な人材を採用したものの、旧態依然の働き方や同調圧力が足枷となって辞めていく
●業務量は減らず、ストレスが増えた
●複雑怪奇なＩＴツールが次から次に導入され、無駄な仕事が増える一方
●管理のための管理の仕事が増えた
●ガバナンス、コンプライアンスが厳しすぎて息苦しい
●手取りが減って生活が苦しくなった。副業をしないと生活が成り立たない

このような話は枚挙に暇がない。なんとも切ない話である。

マネジメントキーワードのゴールは「ビジネスモデル変革」

そもそも、なぜ働き方改革をする必要があるのか？　いや、働き方改革にとどまらない。ダイバーシティ推進しかり、女性活躍推進しかり、あるいはＤＸしかり、これらすべてのマネジメントキーワードはなんのためにあるのだろうか？

答えは、ビジネスモデルを変革し、組織とそこで働く人たちがより幸せになるためである。ビジネ

スモデルを変革するとはどういうことか？　高利益を獲得し続けられる仕事のやり方に変えることである。


より少ない労力で、より大きな利益を生むことができるようにする。

そうして生まれた時間的な余白や、金銭的な余剰を、組織や社員に還元する。

あるいは、さらなる成長に向けて投資する。


そのような好循環を創って回すことこそが、ビジネスモデル変革であり、働き方改革をはじめとするマネジメントキーワードの最終ゴールである。

それにもかかわらず、各々のマネジメントキーワードが自己目的化し、推進組織や所管部門が突っ走る（あるいは何もしない）。いつのまにか、ただ単に「働き方改革のための仕事」「ダイバーシティ推進のための仕事」が従来の仕事にオンされて増えることになる。だからうまくいかないのだ。

安泰と思っていると、沈みゆく船の乗客と乗組員になってしまう

こんなことを言うと、否定的な意見をいただくことがある。

「いや、当社はインフラ産業ですから安泰です。ビジネスモデル変革なんてする必要はありません」

「ウチは地域の強い地盤がありますから、人も安定して入ってきますし、辞める人も少ないですよ」

果たしてそうであろうか？　どんなに盤石な業界であっても、ビジネスモデルおよびビジネスモデルを支えるマネジメントの仕方を変化させていかなければ、早晩衰退するだろう。なぜなら、我々を取り巻くビジネス環境、人材マーケット、テクノロジーや法制度、自然環境や社会環境は著しく変化しているからである。

しかし、組織が強大であればあるほど、ひいてはそのビジネスモデルが「一見」安泰であればあるほど、経営者も中間管理職も、ひいては従業員も協力会社の人たちも、危機感の感度が鈍くなる。悪気なく現状の問題に気がつかない（あるいは気づかないふりをする）。ところが、外部環境は容赦なく変化し、進化する。その組織がのほほんとしているうちに、ビジネスモデルも働き方も進化させ、優秀な人材にとって魅力的な企業が「黒船」となって現れるかもしれないのだ。そうして、ある日突然、安泰だったはずの企業が慌てふためくことになる。

「新型コロナウイルスのような想定外のリスクが襲来し、リストラせざるをえなくなった」
「顧客が離れていく」
「取引先からそっぽ向かれるようになった」
「中堅社員が辞めていく」
「いい人が集まらない」

いつのまにか、沈みゆく船の乗客と乗組員になってしまっているのである。船が沈みかけてからでは遅い。

製造業モデル一辺倒からの脱却を

では、私たち日本の企業は（あるいは官公庁や自治体やその他の組織は）何を目指せばいいのか？ただ単に「働き方改革をします」「ビジネスモデルを変革します」では漠然としすぎている。

「週5日×8時間も働かなくていい社会」

極端な話、これくらい大胆なゴールを据えてほしい。

日本マイクロソフトは、2019年に実施した「ワークライフチョイスチャレンジ2019夏」で「週勤4日週休3日」を実施し、目覚ましい成果をあげた（取り組みの全貌と詳細は拙著『職場の科学』（文藝春秋）を参照されたい）。この取り組みで特筆すべきは、稼働日は減らしたものの、業績目標は変えなかったことだ。より少ない稼働時間で同じ業績目標を達成するには、仕事のやり方を変えるほかない。こうして、社員はいままでのあたりまえを疑い、とことん無駄をなくして、新たなワークスタイル、ビジネススタイルを実現したのだ。

そもそも日本の働き方は、製造業、もっといえば製造現場に最適化されすぎている。労働＝週5日×8時間、同じ場所に集まって働くこと。法制度や社会保障制度も、そのスタイルにアジャストしてしまっている。それが、私たちを週5日×8時間前提のワークスタイルやビジネスモデルに縛りつけてしまっている側面も大きい。

百歩譲って製造現場は週5日×8時間の体制を維持するのが合理的であったとしても、すべての職種でそれが合理的とは限らない。「職種ごとの最適な働き方は何か？」を考える必要がある。

「製造現場はがんばって働いているのだから不公平だ」といった日本人特有の「みんなで仲よく苦しむ」考え方は、組織とそこで働く個人の成長を妨げる。それこそ「同じ職種なのに、なぜウチの会社は休みが少ないのだ。不公平だ」と考えるほうがまだ健全であるし、発展的である。

「みんなで仲よく〝負けパターン〟に陥り、組織全体の生産性を下げているのではないか？」

そのくらいの前提で、会社単位ではなく職種単位の最適解も追求してほしい。

マネジメントキーワードを「面」で捉えて、立体的に解決する

ビジネスモデル変革を実現するには前述したマネジメントキーワードと向きあって解決する必要があるが、個々のマネジメントキーワードを「点」として捉え、それだけを解決しようとしてもうまく

いかない。多くの場合、そのための施策が自己目的化し、全体観を欠き、結果として自己満足に終わるからだ。

たとえば「働き方改革」。単に強制的に残業を禁止して労働時間の削減だけを志向したところでうまくいかない。人事部門の労務担当者は満足するかもしれないが、一方で管理職や社員は

「仕事のやりがいがなくなった」
「コミュニケーションが減って、チームの人間関係がギスギスした」
「手取りが減って、生活が苦しくなった」
「時間内に終わらない仕事は、管理職が一手に引き受けなければならない」

などストレスを溜め、モチベーションやエンゲージメント（その組織や仕事に対する帰属意識）を下げる。これでは、組織もそこで働く人たちも幸せにならない。

かたや、「モチベーション」や「エンゲージメント」を上げるための施策が、これまた「点」でもって立ち上がる。「エンゲージメント向上」の名のもとに、懇親のためのレクリエーションや飲み会が乱発される。成長のための育成などに投資してくれたほうが、よほどモチベーションもエンゲージメントも（かつ生産性も）上がる場合もあるのに。懇親イベントや宴会の検討会や準備活動に、社員は貴重な時間を奪われる。まったくもって本末転倒なのである。

もうお気づきであろう。働き方改革も、モチベーションやエンゲージメントや生産性も、ひいては

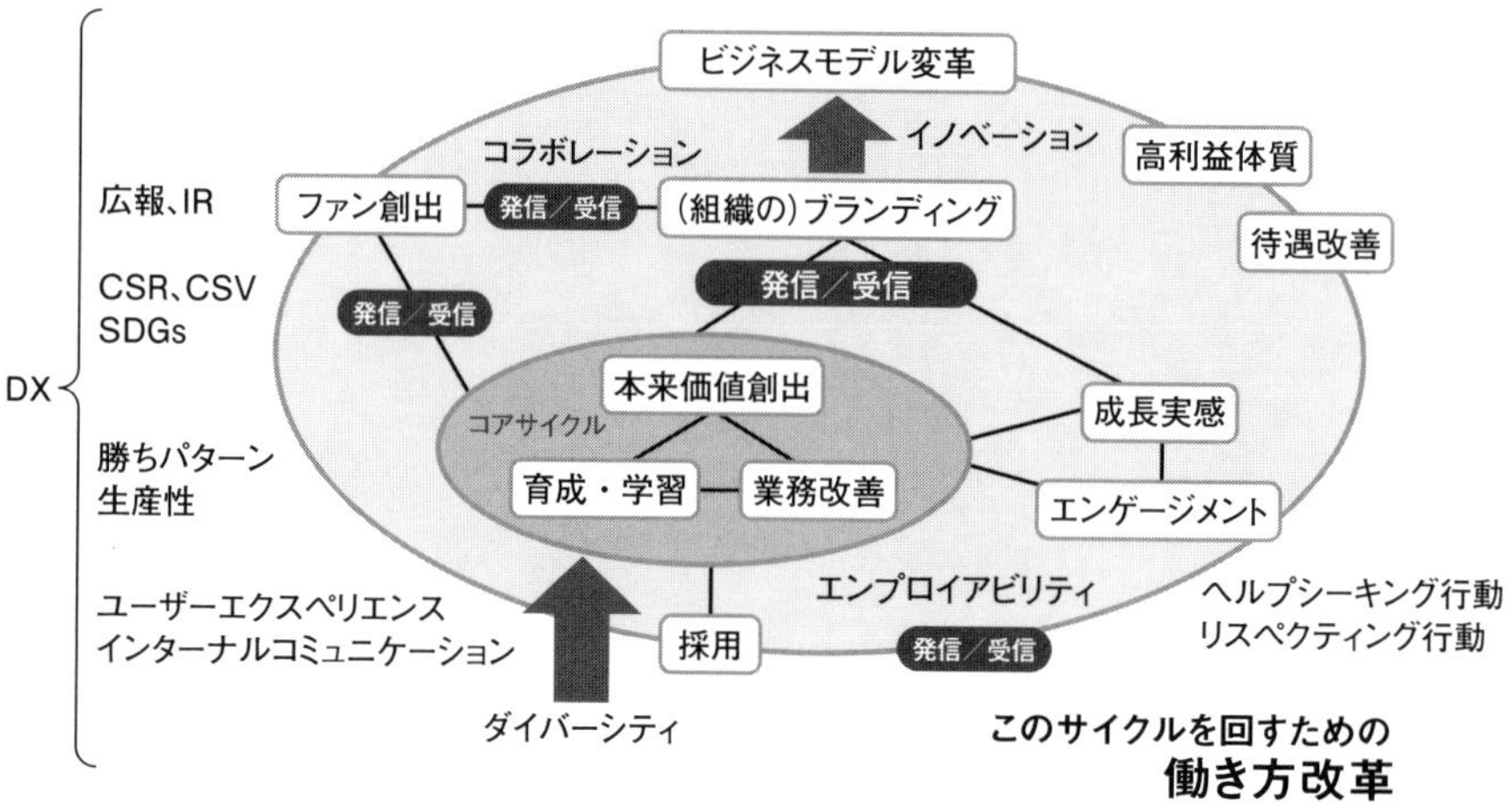

健全な組織のバリューサイクル

ビジネスモデル変革も、決して独立した課題ではない。すべてはどこかでつながっているのである。すなわち、課題を「面」で捉え、立体的に解決することで、組織もそこで働く個人もともに幸せになり、かつ健全に成長することができるのだ。

マネジメントキーワードを「点」ではなく「面」で示した世界観を、筆者は「健全な組織のバリューサイクル」と名づけ、全国の企業・自治体・官公庁で説いて回っている。この〝宇宙〟の中で、それぞれのマネジメントキーワードはどこかでつながり、一方を解決すれば他方も幸せに解決することができる。どれか1つの惑星だけをスタンドアローン（単独）で輝かせようとするだけでは、いつまでたっても宇宙平和は訪れないのだ。

問題解決には組織内外のコラボレーションが不可欠

もう1つ、「健全な組織のバリューサイクル」を回すために欠かせないポイントに言及しておく。働き方改革、ダイバーシティ、女性活躍推進、ビジネスモデル変革……これらのマネジメントキーワードは、一組織単独では解決できない。たとえば「働き方改革」の問題ならば、長時間労働を抑制するための人事制度や労務制度は人事部門単独で改善できるかもしれない。管理職や社員の意識向上やスキル向上も、人事部門が何とかできるかもしれない。しかしながら、各々の組織の業務改善、無理・無駄の洗い出しや見直し、ITの導入やオフィス環境の見直しによる生産性向上などは、人事部門が主導するのは難しい。各部門の管理職やリーダー、情報システム部門、あるいは総務部門などとのコラボレーション（協働）や役割分担をしなくては到底実現できない。

マネジメントキーワードも日々進化し、SDGs、DX（デジタルトランスフォーメーション）など既存の組織では解決しにくい新しいテーマも生まれてきている。個々のマネジメントキーワードを「健全な組織のバリューサイクル」の宇宙の中で捉え、各々の組織や立場の人たちが、組織の中および外の人たちと協力しつつ解決していく。すなわち、組織内外のコラボレーションは、問題や課題が複雑化し、なおかつ組織の中に答えを見出しにくい変化の時代において、いかなる組織においても必要不可欠なのだ。

聖域なくすべてのプレイヤーが「2・0」に正しくアップデートする

「健全な組織のバリューサイクル」を回せるようにするためには、宇宙の住人たち、すなわち経営者、部門長、中間管理職、中堅リーダー、現場の社員、協力会社のスタッフ、総務部門、人事部門、経理部門、情報システム部門などいわゆるコーポレート組織、すべてのプレイヤーが各々の期待役割を正しく認識し、なおかつ成長し続ける必要がある。世の中の環境も技術も常に進化する。マネジメントキーワードも変化する。いままでと同じやり方をただ真面目に続けているだけでは、価値を創出し続けることはできないし、問題や課題を解決できない。各々のプレイヤーが「2・0」にアップデートし、なおかつお互いにコラボレーションすることで、健全な組織のバリューサイクルは正しく回り続ける。

もちろん、アップデートが必要なのは企業組織だけではない。法制度も、社会保障制度も変わらなければならない。それらを司る、政府や官公庁、行政も変わる必要があろう。聖域などない。すべてのプレイヤーが、正しく変わる、アップデートする——それが改革や変革の本質だ。経営者だけ、あるいは法制度だけが涼しい顔をしていて「私たちは変わりません」はありえない。

「健全な組織のバリューサイクル」は、一企業だけの、一部門だけの、ましてや一個人だけの努力で成し遂げられるものではない。アップデートとコラボレーション、この2つを起こし続けることではじめて可能になる。その道のりは長いかもしれない。しかし、各々が各々の立場で、できること、変えられることを認識し、言動や行動に移していけば、世の中はまちがいなく明るい方向に変わる。

一個人が世の中を変えるのは難しいが、小さな変化を起こすことはできる。それがまわりの人たちの共感や賛同を生み、徐々に大きなうねりになり、世論になる。それが世界を動かす原動力になる。たとえば、最近盛んな「脱ハンコ」の動きにしてもそうだ。コロナ禍において、多くの企業がテレワークに移行せざるをえなくなり、押印を伴う書類手続きがネックであることが認知された。

「押印作業があるから出社せざるをえない」
「ペーパーレスを進めてくれ！」

いずれも個人個人の、それこそ半径5メートル以内の世界の、現場レベルの不平・不満が起点であろう。その声が、大きなうねりとなり、世論となり、ついには政府が「脱ハンコ」の舵きりをするムーブメントに至った。大丈夫。世の中は変えられる。

まずは、あなたの半径5メートルの小さな世界からでかまわない。「健全な組織のバリューサイクル」を意識して、一歩踏み出そうではないか。週5日×8時間働かなくても幸せになれる——そんな人間らしい世界を実現するために。

目次

第4章

バックオフィス2・0――管理部門・間接部門のこれから

◉おわりに

第1章

キーワードから
マネジメントの潮流をふりかえる

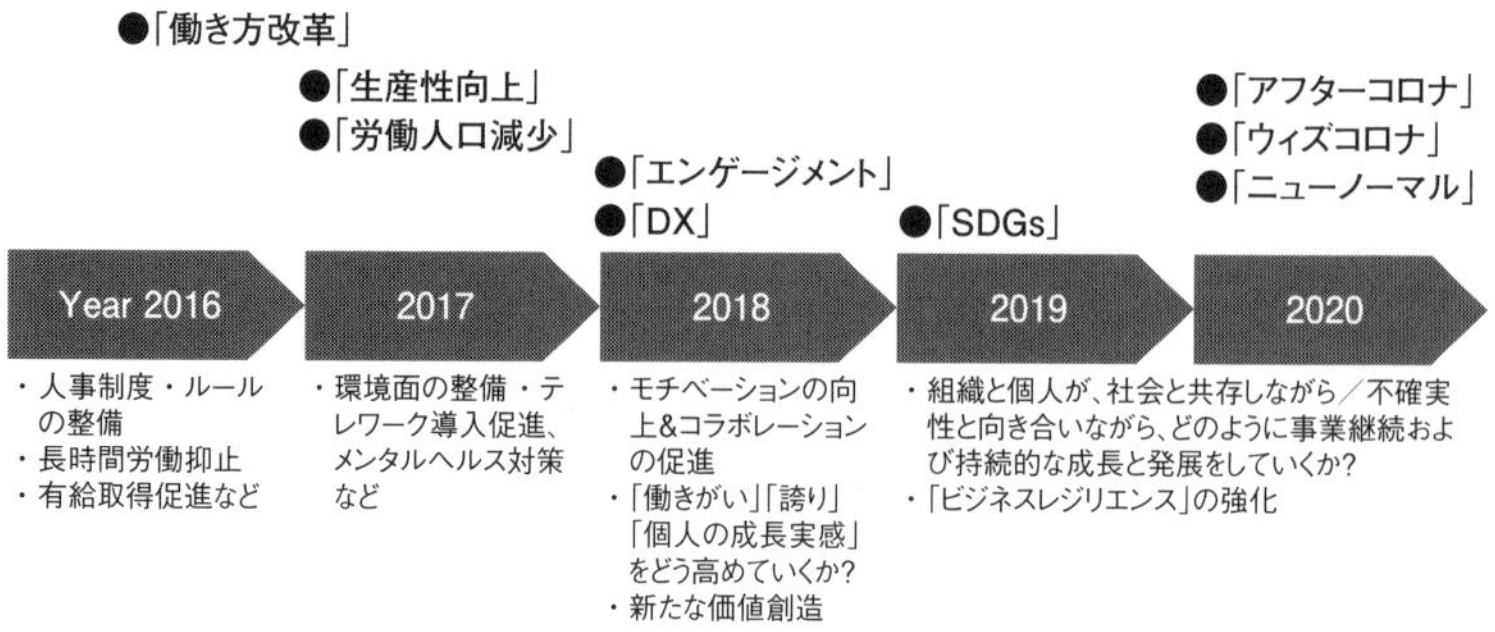

マネジメントキーワードの変遷

組織の持続的な成長と発展を論じる際、ワークスタイル、すなわち働き方は切っても切り離せないテーマであろう。なぜなら、少子高齢化による労働力不足、地球環境や社会環境の変化、テクノロジーの変化が著しいこれからの時代において、働き方そのものがビジネスモデル、つまりは「組織の稼ぎ方」に直結し、ひいては人材やビジネスパートナーの獲得力をも左右するからである。働き方を変える――その取り組みは、人事戦略（採用戦略）でも、いわんや福利厚生でもなく、経営戦略であり、差別化戦略なのである。

日本でも、従来の働き方の是非を問う動きが強まってきた。その象徴的な言葉が「働き方改革」である。形骸化感、上滑り感も否めないが、企業組織の成長を考えるうえで外せないマネジメントキーワードであろう。本章では、「働き方改革」を軸に、日本において過去5年間どのようなマネジメントキーワードが生まれてきたか、その変遷を追いつつ、各々のマネジメントキーワードに意味づけをしていく。ともすれば、個々に独り歩きし、目的化しがちなマネジメントキーワード。それらを「点」で捉えるのではなく、「面」すなわちストーリーとして有機的につなげて、組織横断的に取り組み、立体的に解決できるようにしたい。

2016年のマネジメントキーワード「働き方改革」

2015年に発足した第3次安倍晋三内閣は、国の成長戦略のコンテキストの中で「一億総活躍社会」を目指すと宣言。少子高齢化による労働生産人口の減少を見据え、だれもが活躍できる社会の実現をビジョンに掲げた。そのためには、従来の働き方を見直す取り組み、すなわち「働き方改革」が不可欠とされた。

働き方改革がより声高に叫ばれるようになったのは、翌2016年の秋ごろからである。東京都の小池百合子都知事は、都の職員の20時以降の残業の原則禁止をアナウンス。都の行政機関における働き方改革を強く促した。2016年9月14日のことである。その直後、9月30日にはいわゆる「電通事件」がクローズアップされる。電通に勤務していた当時24歳の女性社員が2015年に自殺。三田労働基準監督署(東京都)は、これを過労死認定した。

これらの出来事および一連の報道が、日本人に対する働き方改革の認知と意識を高めたことはまちがいない。電通事件を皮切りに、長時間労働や休日出勤が常態化する企業、ハラスメントが横行する職場は「ブラック企業」「ブラック職場」と揶揄され、白日の下に晒される流れが一気に加速した。

政府は、働き方改革関連法の整備に着手。同法案は２０１８年6月に成立し、２０１９年4月から施行されることになる。

政府の後押し、さらには世論の後押しもあり、企業はまず長時間労働削減および休暇取得促進など、総労働時間を減らすための人事制度や労務管理制度の見直しおよび強化に取り組んだ。時短勤務や短時間休暇、テレワークなど従業員の個々の事情に応じた働き方の選択肢を増やした企業もある。管理職を中心としたマネジメント層の意識変革のための研修をおこなうなど、マインドやスキル強化に力を入れ始めた企業もある。いずれも人事部門が主導する取り組みであるが、人事部門による制度面の整備だけでは不十分である。

2017年のマネジメントキーワード「生産性向上」「労働人口減少」

労働時間削減、休暇取得一辺倒の取り組みには限界がある。従来の仕事のやり方を見直さずして、強制的に労働時間を削減したところで、必ず「歪み」が生まれる。

「無理やり残業を減らされただけ。本来すべき仕事が残ったまま」
「家に持ち帰って仕事をしている」
「溢れた仕事は、中間管理職がすべてカバー。中間管理職が長時間労働と休日出勤で疲弊する」

現場の社員や中間管理職からは、このような不平や不満が聞かれるようになる。当然、経営者も疑問を持つ。

「総労働時間は減った。残業も減った。しかし、果たして成果につながったのか？」

言い換えれば「生産性は上がったのか？」。働き方改革の次なるテーマとして生産性向上が浮上し、「生産性」という言葉を冠する書籍やビジネス誌が書店の棚を賑わすようになる。伊賀泰代氏のベストセラー『生産性』（ダイヤモンド社、刊行自体は2016年11月）の大ヒットが、当時の時代背景と企業経営者の関心を如実に表しているといえよう。

生産性向上の名の下に、企業は環境面の整備を進めた。

- 従業員が働きやすいオフィス環境を整える
- ITに投資して、作業効率およびコミュニケーション効率の向上を図る
- テレワークなど場所にとらわれない働き方を導入する

これらの環境改善は、2015年に義務化されたストレスチェック制度※対応の一環として取り組む企業も少なくない。

また、管理職や社員が業務改善のスキルを身につけるための人材育成に投資する動きも加速する。各職場が自律的に問題や課題を言語化し、解決して、生産性が高い働き方を実現できるよう自走を促す狙いだ。

日本における労働人口の減少が、国および企業のリスクとして広く認知され始めたのも、この頃か

※労働者が常時50人以上いる事業場において、社員（いわゆる非正規雇用者も含む）に対するストレスチェックおよび対策を義務づけるもの。

らである。日本の生産年齢人口※は、1990年代をピークに減少が続いている。

我が国では、少子高齢化が急速に進展した結果、2008年をピークに総人口が減少に転じており、人口減少時代を迎えている。国立社会保障・人口問題研究所の将来推計によると、2050年には日本の総人口は1億人を下回ることが予測されている。人口構成も変化し、1997年には65歳以上の高齢人口が14歳未満の若年人口の割合を上回るようになり、2017年には3515万人、全人口に占める割合は27・7%と、増加している。他方、15歳から64歳の生産年齢人口は2017年の7596万人（総人口に占める割合は60・0%）が2040年には5978万人（53・9%）と減少することが推計されている。

（総務省『平成30年版　情報通信白書』より）

日本の生産年齢人口は、2017年にはついに8000万人を下回る。中小零細企業における人員不足による事業縮小や廃業も目立つようになってきた。労働人口の減少を見据えた生産性の向上、人材獲得および維持の強化——いかなる企業も、それらを「自分ごと」として捉え、働き方ひいてはビジネスモデルそのものを見直す時期にきている。

※生産活動の中心にいる人口層。15歳以上65歳未満の人口を指す。

2018年のマネジメントキーワード「エンゲージメント」「DX」

労働時間は減った。休暇もとりやすくなった。生産性向上の取り組みも始まり、業務がスリム化された（あるいはされそうである）。一方、従業員は次なるモヤモヤを抱える。

「時間が減ったのはいいが、やりたい仕事に全力投球できない。プロとして成長できない」
「残業削減の圧力で会話が減った。だれが何をやっているのかわからなくなった」
「育成にかける時間がない」

目先の仕事をさばく効率は上がったものの、コミュニケーションや育成のような中長期的な視点で効果を発揮する取り組みがおろそかになる。また、なかなか変わらない自組織に対する、ため息の声も。

「依然、社内会議が多くて、自分の仕事に集中できない」

「管理業務や報告業務に忙殺される」

「紙やハンコベースの煩雑な事務作業が多い。勘弁してほしい」

先進的な企業の取り組みがクローズアップされればされるほど、自社の「時代遅れ感」に嫌気がさす。さらには
「残業代がなくなり、手取りが減った。生活が苦しい」

このような切ない声も、日本の多くの職場で聞かれるようになる。やむなく副業をしたり、アルバイトを始める人も。


「このままでいいのだろうか？」

「この職場で、プロとして正しく成長できるのだろうか？」

「この会社で働いていて、明るい未来があるのだろうか？」

「この職種を続けていて、幸せになれるのだろうか？」

働く人々は、未来に対する不安を漠然と抱える。

この頃から、「エンゲージメント」が次なるマネジメントキーワードとして頭をもたげる。

2018年9月には、全国放送のニュース番組でエンゲージメントが特集される。その際に「働き方偏差値」と訳され、インターネット上で物議を醸した。この報道および騒動がトリガーとなり、日本でもエンゲージメントが時のキーワードになる。エンゲージメント（engagement）は「つながりの強さ」を意味する英単語で、人事の領域では組織とそこで働く従業員などの人たちのつながりの強さを示す言葉として用いられる（まちがっても、従業員のやる気を評価する偏差値などではない）。

また、この頃から「DX」（デジタルトランスフォーメーション）がメディアを賑わし始めるようにもなった。DXは、2004年にウメオ大学（スウェーデン）のエリック・ストルターマン教授が提唱した考え方であり、「ITの浸透が、人々の生活をあらゆる面でよりよい方向に変化させる」ものを目指す。日本では、経済産業省が2018年に発行した「DX推進ガイドライン」でDXを次のように定義している。

> 企業がビジネス環境の激しい変化に対応し、データとデジタル技術を活用して、顧客や社会のニーズを基に、製品やサービス、ビジネスモデルを変革するとともに、業務そのものや、組織、プロセス、企業文化・風土を変革し、競争上の優位性を確立すること
>
> （経済産業省「DX推進ガイドライン」より）

DXとは、とどのつまりはデータやデジタル技術を活用して組織やビジネスモデルそのものを変革する取り組みを指す。従来の生産性向上および作業効率向上にとどまらず、より中長期の視点に立っ

た組織変革、ビジネスモデル変革ができるかどうかが、経営者に突きつけられているのだ。そして、その変革はデジタル技術と向き合わずしては到底成しえない。

2019年のマネジメントキーワード「SDGs」

「SDGs（エスディージーズ）」は、国連が掲げるSustainable Development Goals（持続可能な開発目標）の略称で、国連に加盟するすべての国が2016年から2030年までの15年間に渡って達成に向け取り組むべき共通目標を示したものである。持続可能な世界を実現するため、17の目標と169のターゲットが設定されている。筆者はSDGsの専門家ではないため、詳細な説明は専門書を参照されたい。

SDGsそのものの制定は2015年だが、日本で盛り上がりを見せてきたのは2018年〜2019年といってまちがいないだろう。

2019年は日本企業にとって「SDGs（持続可能な開発目標）経営元年」といっていい。貧困や環境問題など国際社会が直面する課題の解決へ、本格的な取り組みが始まっている。SDGsを無視しては事業の持続性を危うくしかねない。ただ、それ以上に大事なのは企業にとって新たな成長の機会になることだ。SDGs経営で未来を開く力がある企業を、消費者や投資家、地域

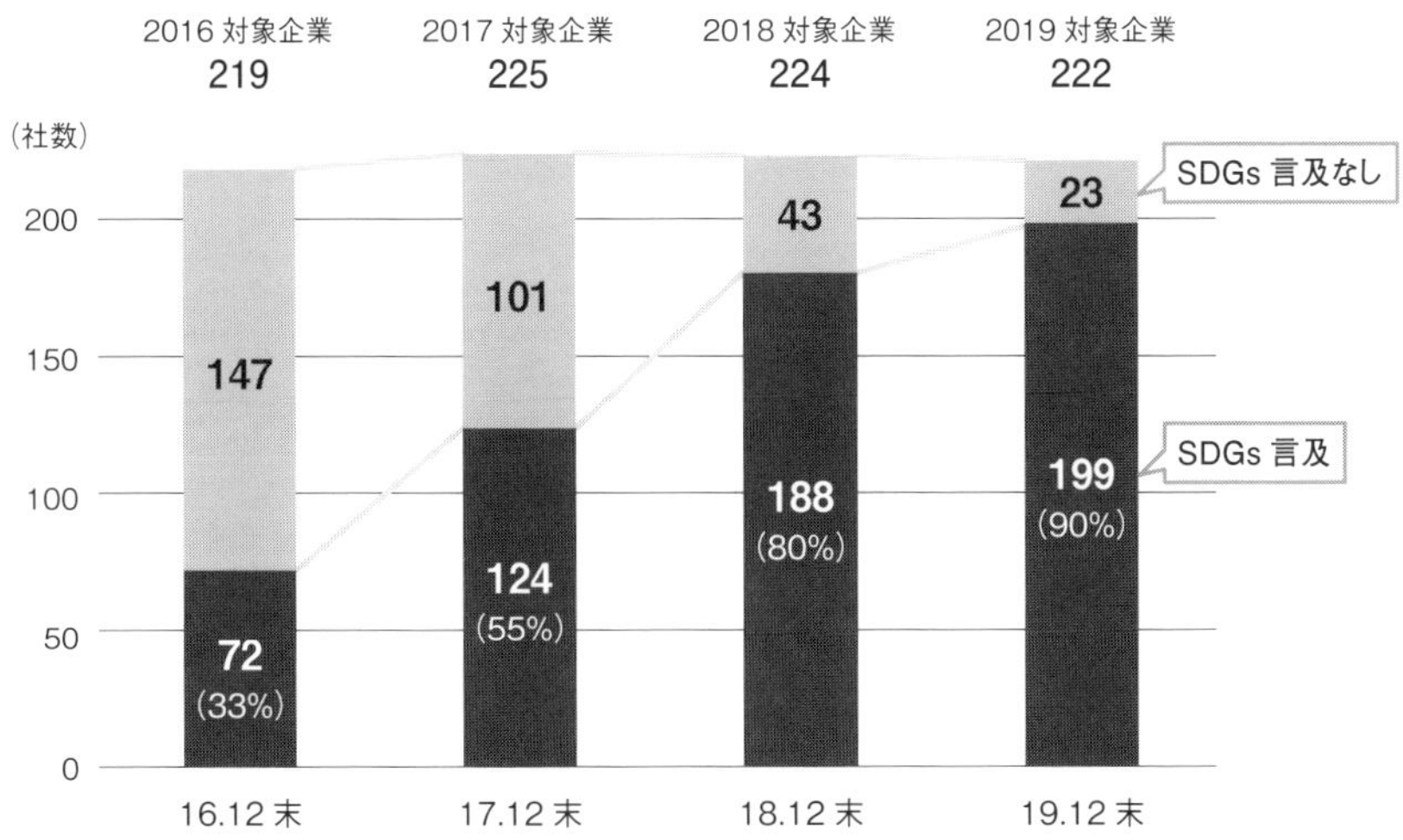

出所：フォーブスグローバル 2000（2016 年版・2017 年版・2018 年版・2019 年版）と各社公開情報を基に富士通総研が作成

フォーブスグローバル2000日本企業のSDGsへの言及

社会が評価する時代の幕が上がっている。

（日本経済新聞 電子版２０１９年12月２日「ＳＤＧｓ経営が未来を開く 目標掲げ競う時代へ」より）

自社の発展のみならず、組織と個人が社会と共存しながら、どのように事業継続および持続的な成長と発展をしていくか。その姿勢と取り組みが国際社会において重要視される時代になりつつある。逆をいえば、ＳＤＧｓに消極的な企業は株主、投資家、取引先、消費者、地域社会など企業を取り巻くステークホルダーから見放される世の中になりつつあるということだ。日本においても、ＳＤＧｓに取り組む企業が２０１８年から２０１９年にかけて急速に増えてきている。

2020年のマネジメントキーワード「アフターコロナ」「ウィズコロナ」「ニューノーマル」

2020年をふりかえるうえで、COVID－19（2019年に発生した新型コロナウイルス感染症）に触れないわけにはいかない。2020年は「COVID－19との戦いの1年」であったといっても過言ではない。2019年末に中国・武漢市で確認され、瞬く間に海を越えて世界中に感染が拡大。この原稿を執筆している現在も、全国で感染者数および重症者数が増え続けており、長丁場の戦いになりそうであることを十分に予感する。

COVID－19の世界的な感染拡大により、我々はこれまでのワークスタイルはもとより、生活様式そのものの転換を余儀なくされた。日本でも、テレワーク、リモートワークのような出社しない働き方が定着してきた。いまや、ビジネスフォーラムや勉強会などもオンラインでの実施があたりまえになりつつある。COVID－19、すなわち新型コロナウイルスの感染拡大が終息した後の世界の生活様式を示す「アフターコロナ」。COVID－19がなくならない前提で、共存する方法を考える「ウィズコロナ」。COVID－19のみならず、新たに発生するリスクと向き合いながら人類が生き抜くための新常態、すなわち「ニューノーマル」も叫ばれるようになった。

これらのマネジメントキーワードが独り歩きしている限り、組織も個人も幸せにならない

マネジメントキーワード単独で解決しようとするとうまくいかない

組織とそこで働く個人が、不確実性と向き合いながら、どのように事業継続および持続的な成長と発展をしていくか？「レジリエンス」※の強化が組織に求められている。

以上、「働き方改革」に端を発したマネジメントキーワードの変遷を見てきた。こうして時代の流れを追いながら考察してみると、いずれのマネジメントキーワードもスタンドアロン、すなわちほかのマネジメントキーワードと無関係に単独で存在するものではなく、相互に関連していることがおわかりいただけるであろう。にもかかわらず、組織が大きくなればなるほど、これらのマネジメントキーワードは単独で自己目的化しがちである。そして、「あちらを立てればこちらが立たず」のような矛盾を生む。

たとえば、「働き方改革推進室」「DX推進室」「SDGs推進室」「エンゲージメント向上委員会」のような専任組織を立ち上げる。それ自体は問題ないのだが、ともすれば掲げたキーワードが独り歩きし、その組織の目標を達成すること

※もとは物理学用語で、弾力、跳ね返す力、回復力、復元力を示す言葉。転じて、ビジネス環境の変化や環境変化による危機や想定外のリスクに対する組織の適応能力を示す。

がゴールになりがちになる。働き方改革の名の下に、労働時間の削減だけが目的化。労働時間を管理するための業務が増えて、本来業務に費やす時間を圧迫する。人事部門や管理職による社員への監視が厳しくなり、生産性もエンゲージメントも下がる——このような笑えない話は、枚挙に暇がない。

業務全体を俯瞰せずに、中途半端にDXツールを導入、結局、無駄な業務が増えただけの〝なんちゃってDX〟も散見される。SDGsのための取り組みを推進する一方で、旧来の働き方は一切変えようとせず、コロナ禍においてもリモートワークできる職種があるにもかかわらず全社員の出社を強要。社員を感染リスクに晒すなど、それこそSDGsの理念に反するちぐはぐな取り組みをしている企業もある。

ここで挙げたマネジメントキーワードに限らない。「ダイバーシティ推進」「女性活躍推進」「イノベーション」「コラボレーション」……いずれのマネジメントキーワードも、組織変革やビジネスモデル変革のための手段にすぎないのに、それ自体が自己目的化しがちである。厄介なことに、根がまじめな日本人、何か特定のテーマを与えると、その目的を達成しようとひたすら一生懸命になる。環境や前提条件の変化もおかまいなしに、ひたすらゴールに突き進む。その結果、働き方改革ごっこ、DXごっこ、SDGsごっこ、ダイバーシティごっこ、イノベーションごっこなど、特定のマネジメントキーワードがスタンドアロンで自己目的化した「仕事ごっこ」が蔓延るのである。本人たちは真剣に取り組んでいるだけに、なかなか切ない。なにより、それでは組織の本質的な問題や課題は解決しないし、継続的な成長と発展につながらない。

第2章

健全な組織のバリューサイクル

ここからが本題だ。前章で、時代の潮流と企業組織が取り組むべき課題、すなわちマネジメントキーワードの変遷を追ってきた。すべてのマネジメントキーワードは、相互に関連し影響し合っている。本章では、ともすれば独り歩きしがちなマネジメントキーワードを立体的に捉えてみる。そのために生まれたのが、「健全な組織のバリューサイクル」だ。

バリューサイクルの図を、筆者は「宇宙」と呼んでいる。個々のマネジメントキーワードは単独で光る星ではなく、惑星のごとく互いに影響し合っている。この宇宙の中で、個々のマネジメントキーワードを「点」ではなく「面」で捉えることで、経営課題と各部門や現場の課題との関連性や交接点を見出してほしい。そして、経営が果たすべき役割、各部門や現場が果たすべき役割、部門長や中間管理職が果たすべき役割などを議論して、景色合わせしてほしいのだ。

マネジメントキーワードを解決するうえで足りないスキルや経験、足枷となっているもの――たとえば業務プロセス、コミュニケーションの仕組み、人事制度、組織文化などを正しく言語化し、解決していく。

ゴール達成に必要な能力や経験を持っている他者を素早く見つけ、素早くつながり（コラボレーション）、素早くアクションをして、素早く価値を出す。

成功や失敗を振り返って組織知に変換し、次の成功に活かす。

このサイクルをぐるぐると回すことにより、組織もそこで働く個人も健全に成長し続ける。

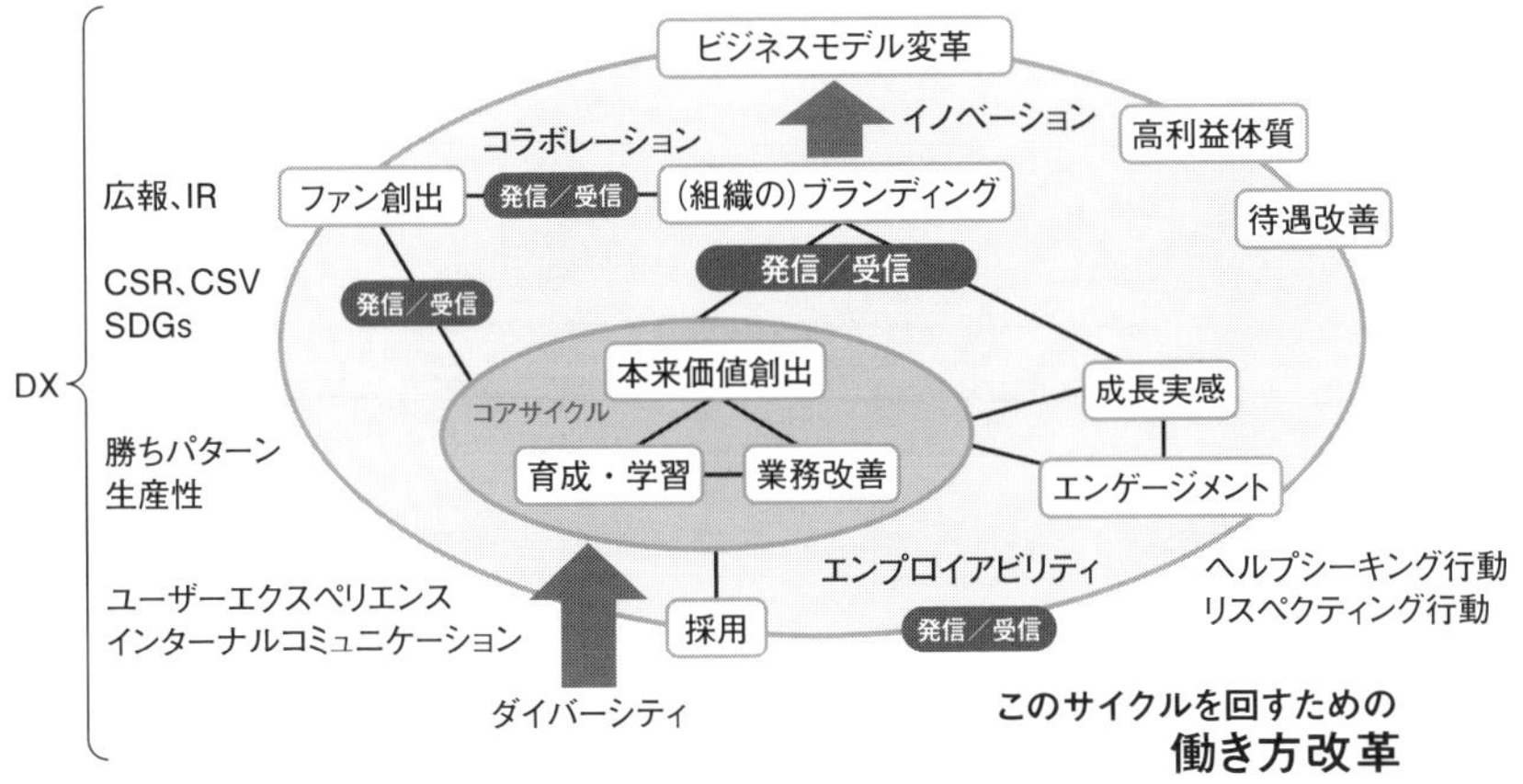

健全な組織のバリューサイクル

これこそが、健全な組織のバリューサイクルの本質だ。健全な組織のバリューサイクルを回し続けること、すなわちバリューサイクル・マネジメントは、これからの企業組織や行政に求められる、サステイナブル（持続可能）な成長戦略なのだ。

ビジネスモデル変革

ドラスティックな改革のゴールを掲げよ

働き方改革、あるいはDXなり、ダイバーシティ推進なり、エンゲージメント向上なり、あらゆるマネジメントキーワードの最終ゴールはビジネスモデル変革である。企業組織であれば、より高利益な稼ぎ方に生まれ変わることこそがゴールのはずだ。ビジネスモデル変革に「NO」を突き付ける経営者はいない。よほど盤石なビジネスモデルを構築できているならばともかく、今までのあたりまえを改めていかなければ、高利益体質は維持できない。競合他社にキャッチアップ（追随）され、追い抜かれる。少子高齢化による労働力不足がいよいよ社会問題になりつつある昨今、高利益を維持して社員やビジネスパートナーに還元できない企業組織は、人材の獲得・維持ができず、事業の継続そのものが困難になる。

本書の冒頭で、筆者は働き方改革のゴールは「週5日×8時間働かなくてもいい社会を創ること」だと述べた。週休3日でも4日でも十分に利益を出せる企業運営が実現できたなら、それこそ大きなビジネスモデル変革である。別に「週5日×8時間働かなくていいビジネスモデル」でなくてもかまわないが、経営者はこのくらいドラスティックな改革のゴールイメージを掲げてほしい。目指すゴールやビジョンを言語化し、社員に共有する――そこから変革の旅は始まる。

目指すゴールイメージが正しく共有されると、現状とのギャップが明確になる。

「いまの訪問営業、電話営業のやり方は非効率。辞める人も多く、高利益体質とはほど遠い」

「とはいえ、マーケティングなど新たな仕事のやり方を進められる人も、それを理解できる管理職もいない」

「社内会議が多すぎて、顧客と接する時間がない」

「ITを活用しないと新規顧客にリーチできないが、ITがわかる人材が社内にいない」

「製品の不具合が多く、手戻りとクレーム対応で現場は手いっぱい」

「残業削減で手取りが減り、生活に困窮する社員が多い。現場のモチベーションが上がらない」

「変革しようにも、中間管理職が邪魔をして進まない」

「お堅い管理部門が、煩雑な事務手続きを増やす。間接業務が足枷となり、本業に集中できない」

このように、大小さまざまな現場レベルの問題や課題が見えてくる。

ゴールに到達するためにクリアしなければならないテーマを、経営課題という。経営課題、すなわち経営のマネジメントキーワードと部門単位・現場単位のマネジメントキーワードをそれぞれ言語化して、接点を見出す。経営、部門、現場おのおのが何に取り組まなければならないのかイメージできるようにする。その「景色合わせ」こそが、組織変革の1丁目1番地だ。

「イノベーションだ！」「ビジネスモデル変革だ！」「利益率向上だ！」と社長がただ叫んでいるだけでは、現場には響かないし、腹落ちしない。現場目線の言葉に噛み砕き、メンバーが自部門や自分の課やチームの問題や課題の解像度でテーマを捉えられるようにする、すなわち現場の半径5メートル以内のテーマに落とし込む必要がある。

経営課題と現場のテーマをひもづけるために、社内ワークショップをやるのもいい。自力でできなければ外部のファシリテーターを起用する、あるいは部課長をファシリテーターとして育成する手もあるだろう。いずれにしても、次の3つを何らかの形でおこなう必要がある。

- 経営のマネジメントキーワードの言語化
- 現場のマネジメントキーワードの言語化
- 経営と現場のマネジメントキーワードの関連づけ（「景色合わせ」）

DXのゴールは「ビジネストランスフォーメーション」

前章で経済産業省によるDXの定義を紹介したが、いまいちピンとこないかもしれない。そこで、DXをもう少し噛み砕いて説明する。IT分野の調査・助言で世界的に有名なGartner社は、DXを「デジタイゼーション」と「デジタライゼーション」の2つに分けて説明している。

●デジタイゼーション(Digitization)

ビジネスプロセスをそのままに、データをアナログからデジタルに変換すること。

●デジタライゼーション（Digitalization）

デジタル技術を活用し、ビジネスモデルを変化させて新たな利益や価値を生み出す機会をもたらすこと。

アナログデータのデジタル化をデジタイゼーション、ビジネスプロセスのデジタル化をデジタライゼーションと捉えることもできる。前者を「守りのＤＸ」、後者を「攻めのＤＸ」と表現することもある。デジタイゼーションは既存の業務の改善や効率化、デジタライゼーションはアナログベースな仕事のやり方では解決できない課題や問題の解決、あるいは新規のビジネスモデル創出と捉えることができる。

ＤＸ＝単に最新のＩＴツールを導入することではない。ＤＸの最終ゴールは、あくまでビジネスモデル変革である。その前提を忘れると、ＤＸもたちまち自己目的化する。フジテック株式会社のＣＩＯ（Chief Information Officer：最高情報責任者）である友岡賢二（ともおかけんじ）氏は、「本質的に目指すべきところはビジネストランスフォーメーション、つまりビジネス変革」と語っている。

一般的にセミナーなどで紹介されるのは、キラキラとした攻めのITですね。ただ、それが本質的な意味でビジネスをトランスフォーメーションできているのかというと、わからないところもあります。会社には必ず価値を生み出す場があります。価値の源泉ですね。そしてその価値を収益化している場があります。

この2つの場がその会社の存在事由でもあるわけで、そこをデジタライゼーションしてどう向上させていけるかをIT部門は考える必要があります。そのためには、IT部門はテクノロジーだけでなく、もっと現場を見るべきで、ビジネスを知るべきでしょう。

（EnterpriseZine「DXはバズワード。本質はビジネストランスフォーメーション」より）

https://enterprisezine.jp/article/detail/13662

では、ビジネスモデル変革に寄与するDXとはどのようなものだろうか？

たとえば、リモートワーク技術の普及により、東京の企業が浜松の優秀な人材をフルリモートワークで雇用できるようになったり、逆に浜松の企業が東京の人材を雇用できるようになったことは、従来の雇用モデル、すなわちビジネスモデルを変えた事例といえるだろう。健全な組織のバリューサイクルの絵に当てはめると、「採用」の問題をデジタル技術によって解決した状態と説明できる。時間や空間を越え、組織運営に必要とする人材や自組織のファンとのコラボレーションを迅速かつ密接におこなうには、いかなる業種においてもデジタイゼーションまたはデジタライゼーション、すなわちデジタルワーク化は避けて通れない。

DXとはデジタルの世界に身を置くこと

慶應義塾大学教授であり、ヤフー株式会社のCSO（チーフストラテジーオフィサー）を務める安宅和人（あたかかずと）氏は、著書『シン・ニホン』（NewsPicksパブリッシング）の中で「データ×AI」の重要性を力説している。データを活用可能にするためには、大前提としてすべての活動をデジタル上でおこなう必要がある（あるいはセンサーなどデジタルデバイスによる観測や検知が可能な状態にする必要がある）。我々がデジタルの世界に身を置くことで、何気なく目の前を通りすぎてしまっている行動や情報がデータ化される。それらはAIなどによるテクノロジーにより多角的に分析され、人力では到底不可能な答えや解決策の提示を受けることが可能になる。

卑近な例を挙げよう。職場での通達や会議。口頭での伝達や、対面での会議は、その場に居合わせた人には情報共有され、短期記憶には残るかもしれないが、場にいない第三者には共有されにくい。情報が電子データとして残らないため、後で情報を検索することもできなければ、分析することも不可能である。これがアナログ行動の限界である。

ところが、たとえば商談をZoomなどのWeb会議システムを使っておこなうと、すべての参加者はデジタルの世界で行動することになる。商談の様子を録画しておけば、だれでも後から参照可能になる。わざわざ議事録を残さなくても、情報の鮮度を保ったまま議事を記録できる。欠席者への説明の手間も省ける。若手の営業担当者がその動画を視聴することで、先輩社員の商談の仕方を勉強できるかもしれない。すなわち、人材育成のための教材としても活用できる。ＡＩを活用すれば、顧客の発言や行動を分析して、顧客の潜在ニーズや有効な営業アプローチを探ることもできる。Ｗｅｂ会議システムに付随するチャット機能を活用すれば、質問や発言がそのままテキストデータとして残る。そのデータも分析すれば、顧客のインサイトを推し測ることができるかもしれない。つまり、マーケティングのためのデータとして利活用しうるのだ。

ＤＸを可能にするためには、すべての登場人物がデジタルに身を置くこと、すなわちデジタルワーク化が必須である。１人でもアナログな仕事のやり方をした瞬間に、その行動はデータとして記録されないし、蓄積もされない。場にいない第三者との時間や空間を超えた共有、すなわちコラボレーションをも阻害する。その意味では、テレワークは、時流に乗りつつも比較的着手するハードルの低い、「ＤＸのはじめの一歩」と考えることもできる。テレワークは、言い換えれば、組織の全員（あるいは間接部門などオフィス以外の場所での業務遂行可能な人たち）がデジタル上で行動する仕組みである。テレワークに取り組み、デジタル上で仕事することで、日々やりとりされる情報が、空間や時間を超えて利活用可能な「データ」として組織に蓄積されるのだ。データが残れば、担当者が辞める時の後任への引き継ぎもしやすくなる。テレワークが難しいとされる製造業やサービス業などの業種においても、部署単位あるいは部分的にでもテレワーク、いやそれ以前のデジタルワークにとにかく取り組んでほしい。

筆者は、ＤＸを健全な組織のバリューサイクルの全体を支えるインフラとして位置づけているが、その理由がここにある。デジタルワークは、健全な組織のバリューサイクルを回すエンジンであり、ビジネスモデル変革を図るための前提条件なのだ。

コラボレーションの「かける数」「かけられる数」になれるか？

多くのマネジメントキーワードは、自組織単独ではなかなか解決できない。組織の中に答えがない時代、気合と根性だけでナントカしようとしても限界がある。自社にないものはないのだ。そこで出番となるのが、コラボレーションだ。コラボレーションは協業、共創を意味する英語で、他者と協力して何かをおこなう、自組織にないものを他者から補うことを指す。

コラボレーションとは、いわばかけ算である。企業と企業、企業と顧客、企業とフリーランス、企業と行政、部門と部門、チームとチーム、メンバーとメンバーのかけ算。そして、かけ算によってものごとを解決したり新たな価値を創造する取り組みをイノベーションという。コラボレーションは、イノベーションに必要不可欠な手段なのだ。

かけ算には、2つ以上の数が存在する。かける数と、かけられる数だ。コラボレーションもまた、かける組織（人）と、かけられる組織（人）で成り立つ。ここで考えてほしい。

あなたの組織は（あるいはあなた自身は）、「かける数」になりえるか？
あなたの組織は（あるいはあなた自身は）、「かけられる数」になりえるか？

コラボレーションできる組織や人になるためには、我々は「かける数」「かけられる数」いずれにもなれる必要がある。

「かける数」とは、コラボレーションを仕掛ける側である。自組織にない能力や知見や経験を、他者とのコラボレーションにより補いたい。コラボレーションが成り立つためには、「この相手と組んでもいい」と思ってもらう必要がある。そのためには、あなたの組織の目指すゴールがどのようなもので、どんな課題を抱えていて、あなたの組織の強みと弱みは何で、なにを大切とするのか……など、「自分たちは何者か」を研ぎ澄まし、説明できるようにする必要がある。相手があなたたちと組むことのメリットを感じなければ、かけ算つまりコラボレーションは成立しない。

一方、私たちは「かけられる数」である必要もある。思いもよらない他業界の企業から声がかかり、新たなサービスやビジネスモデルが生まれることはめずらしくない。たとえばＵｂｅｒ Ｅａｔｓ（ウーバーイーツ）は、飲食業とＩＴと自転車やオートバイを乗りたい個人のかけ合わせで生まれたビジネスモデルである。Ａｋｉｐｐａ（アキッパ）は、空き駐車場を持つビルや土地のオーナーとＩＴのかけ合わせで生まれたサービスで、利用者は時間単位や日単位で駐車場を事前予約して利用できる。いずれも、ＩＴサービスを提供する企業とのコラボレーションを受け入れられなければ成り立たない。飲食店経営者は、新型コロナ禍において、ジリ貧の経営を続けなければならなかったかもしれない。ビルオーナーは、借り手のつかない空き駐車場に頭を悩ませ続けていたかもしれない。思いもよらない相手が、自社や自組織の強みを見出し、コラボレーションを仕掛けてくれることはよくある。しかも、ＩＴテクノロジーの進化により、こうしたかけ算による新たなビジネスモデルは生まれやすい。

我々は、コラボレーションを仕掛ける側と仕掛けられる側、すなわち「かける数」「かけられる数」いずれにもなれる必要があるのだ。

コラボレーションの阻害要因を排除せよ

自組織のゴール達成に必要な能力や経験を持っている他者を素早く見つけ、素早くつながり（コラボレーション）、素早くアクションをして、素早く価値を出す。成功や失敗をふりかえって組織知に変換し、次の成功に活かす。これをスムーズにおこなえるかどうかが、その組織のコラボレーションの能力やスピードを左右する。

- （必要な能力や経験を持っている）他者を素早く見つけ
- 素早くつながり
- 素早くアクションをして
- 素早く価値を出し
- ふりかえって組織知に変換する

これら各々の行動を邪魔をする阻害要因はないか？

ここで言う他者とは、「社内外の、コラボレーションしうる相手」である。チームメンバー、上司、他チームや他部門の人、社外のビジネスパートナー、取引先、顧客や消費者、社外の同職種の人たち、競合他社、株主、投資家……あなたの半径5メートルから徐々に範囲を拡大していくと想像しやすいだろう。

- セキュリティが厳しすぎて、オンラインミーティングが許されない
- 社外とのコミュニケーション手段はメールのみ。いかなる添付ファイルも自動でＺＩＰ圧縮され、パスワードが付与される（いわゆるＰＰＡＰ）
- 同じ社内でも、異なる事業部の情報に一切アクセスできない
- 上位の会議体の決定事項や、方針の変更など重要な情報がメンバーに共有されない
- 社外に外出するにも、いちいち決裁を経なければならない
- 昼の休憩時間は45分固定。社外の人とランチしたくてもできない
- 固定席の執務スペースと会議室しかなく、社員同士で気軽に会話する場所がない
- 会話がなく、だれが何をやっているかわからない
- 困っていても声を上げるきっかけや場がない
- 購買手続きが紙ベースかつ煩雑で、取引先と契約を締結するまで時間がかかる
- 意思決定のプロセスが重厚長大

業務プロセス、情報伝達、執務環境、ＩＴ環境、組織カルチャー……さまざまな側面でコラボレー

ションを阻害する、あるいはコラボレーションが起きにくい状況になっていないだろうか。このようなコラボレーションを阻害する要因は、全力で排除していく必要がある。

ブランディング

ブランドとは「共感者を創る力」「選ばれる力」

ブランドとは、もともとは古ノルド語で「焼印を押す」意味を示す言葉。当時、家畜の所有者を明確にするために牛などに焼き印を押す習慣があり、転じて商標を示す言葉となり、現在に至る。ＡＭＡ（米国マーケティング協会）は、ブランドを次のように定義している。

ある売り手の財やサービスをほかの売り手のそれと異なると認識するための名前・用語・デザイン・シンボル、およびその他の特徴。

（ＡＭＡによるブランドの定義）

もう一歩踏み込んで考えてみたい。はたして、名前、用語、デザイン、シンボルその他の特徴だけがブランドなのだろうか？

企業や製品サービスのみならず、コンセプト、職種や部署、さらには個人も、共感者、すなわちフアンを生むブランドになりうる。たとえば、「自然派志向」のようなコンセプト。人々の健康や地球環境に対する意識の高まりに伴い、自然派を志向する企業や商品は十分なブランドになりうるものの、自然派志向であることを示す名前やシンボルがあるわけではない。特定の企業だけが提供しているわけでもなく、自然派志向イコール企業の名前ではない。

職種の事例も考えてみよう。データサイエンティストなどは近年注目度の高いブランド職種の1つだが、データサイエンティストを示すデザインやシンボルなどがあるわけではない（もっとも、データサイエンティストなる「名前」がつけられたことで、職種としての認知が高まっている面は大いにある）。

筆者は、ブランドを次のように定義している。

「また買いたい（利用したい）と思わせる力」
「期待した（またはそれ以上の）体験を次回も提供するという、相手に対する約束」

ひとことで言えば、「共感者を創る力」または「選ばれる力」である。

これはブランドそのものというよりも、ブランドがもたらす力、ブランドパワーと捉えることができるかもしれない。たとえば、自然派志向のライフスタイルが好きな人は、木のぬくもりがあるカフェやレストランを愛用するだろう。同じお店を二度訪問しなくても、異なる土地の自然派のお店を探して訪れるかもしれない。ここには、「また利用したい」と思わせる力が作用している。

ブランドとは

「また買いたい（利用したい）と思わせる力」

「期待した（またはそれ以上の）体験を次回も提供するという、相手に対する約束」

ブランドの定義

この見えない力は、日々の仕事のシーンにおける上司と部下のような個人間の関係性においても働いている。たとえば、上司が部下のAさんに、データ分析の仕事を依頼するとしよう。Aさんは前にもデータ分析の仕事を、丁寧かつ高い品質でこなしてくれた。よって、この上司はAさんにデータ分析を安心して任せることができる。Aさんに頼めば「まちがいない」のだ。ここには、上司のAさんに対する「また仕事をお願いしたいと思わせる力」と、Aさんの上司に対する「期待した品質を次回も提供する約束」が働いていると考えられる。

もう1つ付け加えるならば、ブランドは「相手に考えさせなくていい」メリットももたらす。この上司は、データ分析の仕事をだれに頼むか毎回悩まずとも、Aさんを選べる。「Aさんならまちがいない」このいわば約束事が作用しているおかげで上司はいちいち考えなくてもいいのだ。ブランド力とは、「相手の判断をラクにする力」と捉えることもできる。ブランド力が高ければ、コミュニケーションコストやマーケティングコスト、セールスコストをかけなくても、製品やサービス、あるいはその人自身を相手に選んでもらうことができる。ブランドとコストは、表裏一体の関係にある。

チームなどの組織も、ブランドになりえる。たとえば、大手企業の法人営業チームがあるとする。会社そのものは旧態依然としたところがあり、意思決定も遅く、息苦しさがあるものの、その法人営業チームは部課長が先進的でオープンなカルチャー、若手や中途採用の人たちの意見も積極的に取り入れ、ITを使った新しいマーケティング手法なども試している。意思決定も速い。営業スキル向上のための育成にも投資している。まだまだ煩雑な間接業務はあるものの、法人営業のプロとして成長するには悪くない環境だ。

「ここにいれば、法人営業のプロとして成長できる」
「このチームでは、ビジネスパーソンとして切磋琢磨できる」

こうしたメンバーの成長体験や成功体験が、第三者に対し「このチームで働きたいと思わせる力」を及ぼし、法人営業のプロとして成長・活躍したい意欲的な人材を呼び寄せる。

こう考えると、あらゆる事物がブランドになりうることがわかる。ブランドと聞くと、プラダ、ルイ・ヴィトン、リッツ・カールトン、メルセデス・ベンツのような高級ブランドや、ディズニーのような老舗有名ブランドのみが想起されがちだが、決してそうではない。企業、製品、サービス、部署、職種、専門領域、趣味、ライフスタイル、テーマ（問題や課題）などのコンセプト、個人も、ブランドになりうるのだ。

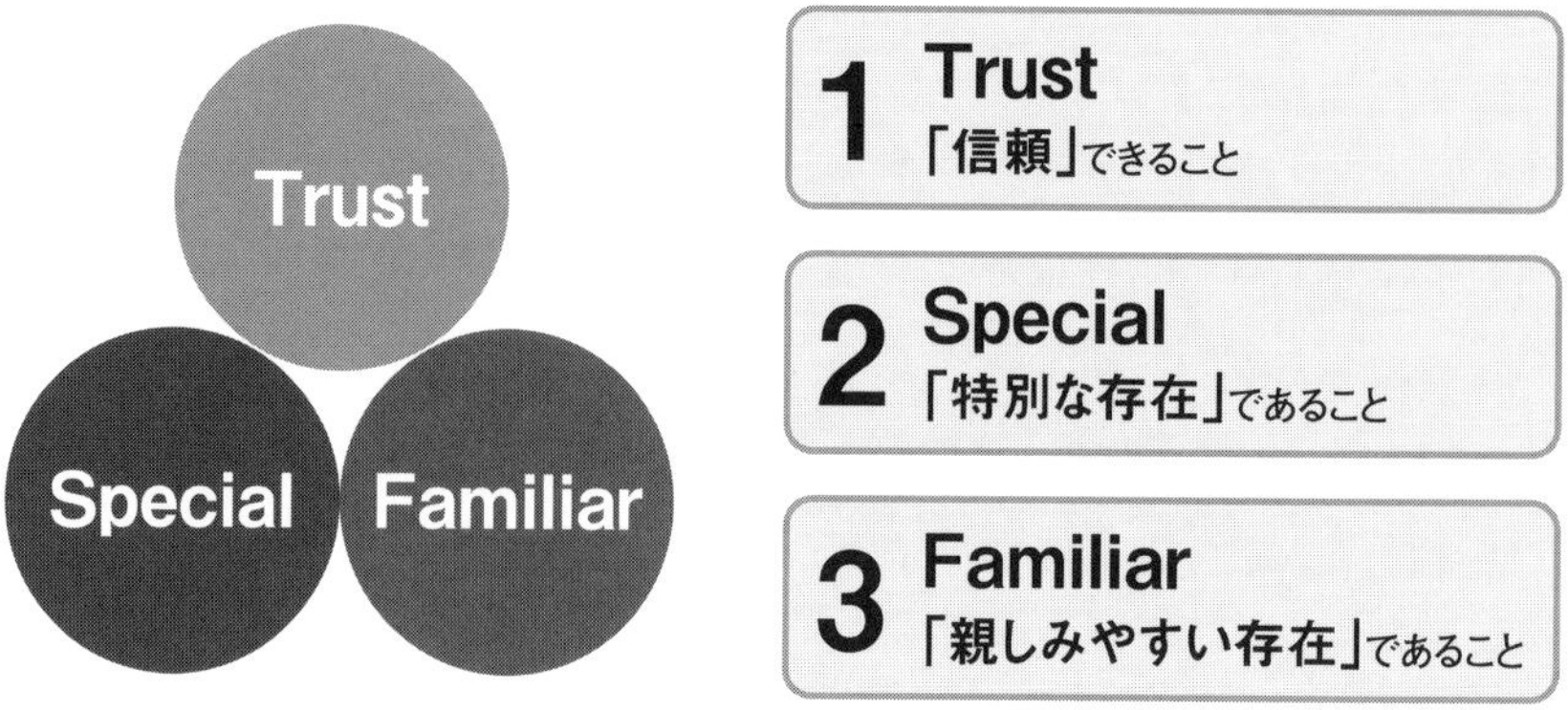

ブランドの3つの要素

ブランドの価値は、高いか低いかで評価される。では、その価値はだれが決めるのか？

ブランドは、体験によって相手の心の中に形成されるイメージである。すなわち、ブランドの価値は「相手が決める」のだ。

ブランドは、次の3つの要素で作られる。

- Trust＝「信頼」できること
- Special＝「特別な存在」であること
- Familiar＝「親しみやすい存在」であること

ブランディングはコラボレーションの促進に欠かせない取り組み

組織や製品・サービス、あるいは個人のブランド力を維持向上および発揮する取り組みを、ブランディングという。ブランディングができている組織や人は、「かける数」にも「かけられる数」にもなりやすい。すなわち、コラボレーションしやすいし、されやすいのだ。


「この会社とどうしてもつながりたい」

「沢渡さんからのオファーなら、喜んで受けたい」

「小田木さんのプロジェクトなら、ぜひ参画したい」

「当社の情報システム部門はまさにITのプロ集団。頼りになる。新規ビジネスの企画には、情報システム部門を巻き込もう」


このような見えない力を相手に及ぼす。

あなたやあなたの組織が掲げるビジョンやミッション、困りごとや課題、製品やサービス、人、歴史、仕事の仕方やライフスタイルに共感し、相手が積極的にあなたたちとコラボレーションしたいと思うかどうか。そのためには、「尖る」とまではいかなくても、何かが際立っている必要がある。また、前述のコラボレーションの阻害要因はあなたの組織のブランド力を下げる要因に十分なりうる。


「スピーディにつながることができない」

「素早く意思決定してくれない」

「何をするにも時間がかかる」

1 コーポレートブランディング
企業そのものの認知向上や、ブランド維持向上の取り組み

2 プロダクトブランディング
製品やサービスの認知向上・ファン獲得や維持の取り組み

3 コンセプトブランディング
企業や製品・サービスに特化せず、世界観、価値観、ライフスタイル、業種や職種、専門領域、趣味、テーマ（問題や課題）など無形の概念の認知向上・ファン獲得や維持の取り組み

3つのブランディング

それでは、あなたの組織とコラボレーションしたい人は遅かれ早かれ遠ざかる。

ブランディングは、コラボレーションを促進するために欠かせない考え方であり、取り組みなのだ。

ブランディングには、大きく3つある。

❶コーポレートブランディング

企業そのものの認知向上・ファン獲得や維持の取り組み。

❷プロダクトブランディング

製品やサービスの認知向上・ファン獲得や維持の取り組み。

❸コンセプトブランディング

企業や製品・サービスに特化せず、世界観、価値観、ライフスタイル、業種や職種、専門領域、趣味、テーマ（問題や課題）など無形の概念の認知向上やブラン

ド維持向上の取り組み。
これら3つのブランディングをうまく使い分けていきたい。

COLUMN

職種のブランディングに力を入れる

近年は、企業の部門や業種、職種などのコンセプトブランディングも重要性を増している。少子高齢化の時代、人気職種と不人気職種の格差は広まる一方であり、不人気職種の人材獲得の厳しさは増している。なり手が少なく、人材不足で運営がままならない職種もまちがいなく存在する。あなたの部署は、あなたの職種は大丈夫だろうか？　これからの時代、その職種の仕事の価値や存在そのものの認知を広める広報活動、すなわち職種のコンセプトブランディングにも力を入れたい。

たとえば、ITインフラエンジニアという職種がある。最近になって、新幹線の駅や車内など公共の場で、ITインフラエンジニアやネットワークエンジニアの価値をPRする広告を見かけるようになった。それらの広告をはじめて見た時、筆者は涙が出そうになった。なぜなら、筆者もIT企業や事業会社で、ITインフラ基盤の運用のサービスマネージャーやスタッフを務めた経験が長かったからだ。

ITネットワーク構築や運用の業務は、顧客や経営者および利用者から見えにくく、意識されにくい。データセンターやオペレーションセンターの勤務者などは、ともすれば「どこで何をやっているのかわからない人たち」になりがちだ。その結果、悪気なく社内でコスト扱いされたり、情報共有が後回しにされたりする。顧客へも業務の価値を示しにくく、予算をつけてもらいにくい。現場のITインフラエンジニアの待遇も改善されず、優秀なエンジニアが辞めていく現場も少なくない。

しかしながら、ITインフラを守る業務はなくてはならないものである。いまやITなしには経済活動や国民生活そのものが成り立たない。日本で普及しつつあるテレワークも、ITインフラエンジニアがネットワークを維持運用してくれているからこそ可能である。ITインフラエンジニアの仕事は、医療現場と同様に重要な、社会基盤を支える仕事なのだ。医療現場で奮闘する人たちだけではなく、私たちの日々のあたりまえの生活を陰で支えてくれているITインフラエンジニアの人たちにも正しく光を当て、正しく投資がなされるよう世論形成していきたい。

私が見た広告は、そんな「見えにくいが、社会的意義があり、なくてはならない」ITインフラエンジニアの仕事をわかりやすく世間一般の人たちに説明してくれた。筆者のまわりのITインフラエンジニアも、次のような賞賛の声をあげている。

「自分たちの仕事をかっこよく説明してくれた」
「故郷の両親に、自分の仕事を説明しやすくなった。ありがとう」
「営業担当者が顧客にITインフラ維持運用業務の意義を説明してくれ、予算がつくようになった」

じつに美しいではないか。ＩＴインフラエンジニア職種そのものの認知向上や地位向上に寄与する、職種のコンセプトブランディングの好事例であるといえよう。

説明できない仕事は、悪気なく軽んじられる。仕事として認識されにくく、お金も人も集まらなければ、プロフェッショナル領域としても認知されにくい。知識体系やスキル体系も整わず、専門家も育たない。雑務扱いされ、従事する人たちのモチベーションも下がる。

いかなる職種も、それが残したい職種であるならば、自身の仕事を説明可能にする必要がある。それこそが、その職種のプレゼンス向上の第一歩であり、健全な組織のバリューサイクルを回す原動力なのだ。時に業界や業種の壁を超えて、職種のブランディングに力を入れようではないか。まずは、自分自身の仕事の価値や意義を自分の言葉で説明してみよう。それが、その仕事や職種のコンセプトブランディングの小さなはじめの一歩である。

ブランドマネジメントの４つのポイント

ブランディングが継続的に機能している状態を作る取り組みを、ブランドマネジメントという。〝マネジメント〟であるのだから、計画的におこなわれる必要がある。部門長の気まぐれや、気の利く社員のボランティア精神でおこなわれている偶発的な活動では「マネジメントされている」とは言い難い。要件や活動を定義し、責任者と担当者を決め、「仕事として」時間と予算を確保して取り組

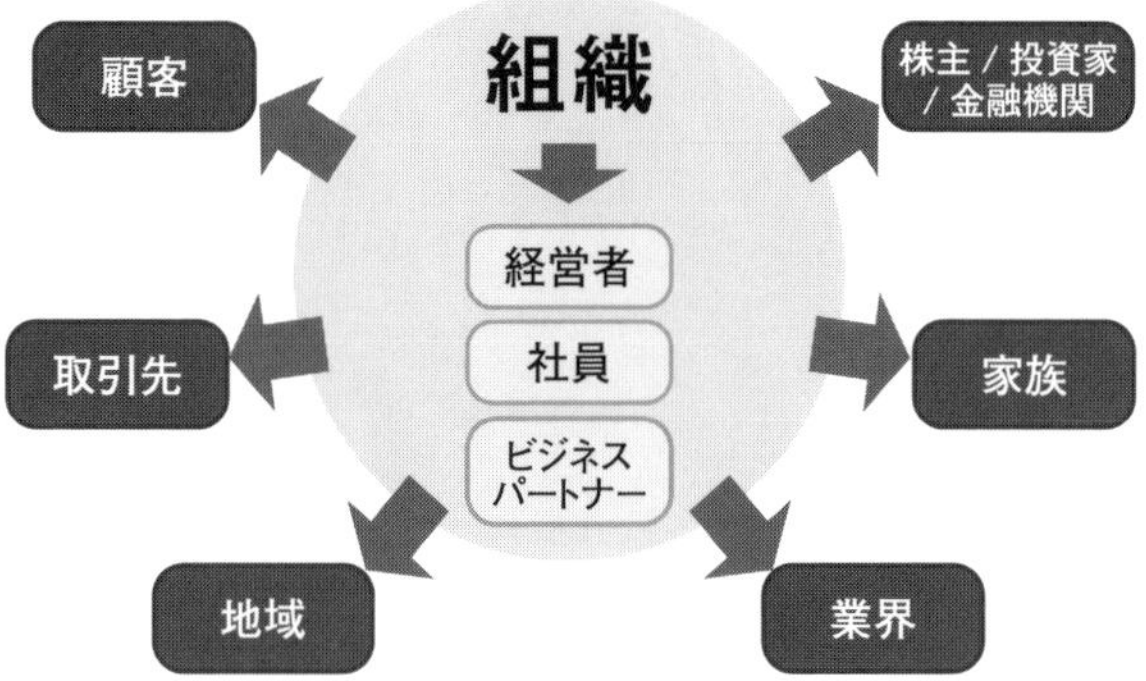

＋ それぞれの頭に「未来の」とつけてみよう

ブランドステークホルダー

もう。

組織や個人がブランドマネジメントをおこなうために知っておきたいポイントが4つある。

●ブランドステークホルダー

ブランドは、提供者、運営者、運営協力者、利用者、受益者、発信者、受信者など、さまざまな登場人物で成り立っている。ブランドに関与する組織や人を、ブランドステークホルダーと呼ぶ。

おもなブランドステークホルダーとして、顧客、株主・投資家・金融機関、経営者、社員（派遣社員、契約社員を含む）、ビジネスパートナー、社員やビジネスパートナーの家族、地域社会、業界全体などが挙げられる。また、これらのブランドステークホルダーの頭に、次の言葉を付け加えてほしい。

「未来の」

未来の顧客、未来の社員、未来のビジネスパートナー、未来の家族……ブランドに対する見方が変わるであろう。

●ブランドタッチポイント

顧客などのブランドステークホルダーが、ブランドを認知したり体験したりする場や接点を、ブランドタッチポイントという。対顧客であれば、製品やサービスそのもの、インターネット広告、ブログ、SNS、テレビCM、ヘルプデスクやコールセンターなどのサポート、店舗、従業員のふるまいなどが、ブランドタッチポイントとして機能しうる。

対入社候補者であれば、採用サイト、リクルートエージェント（採用代行企業）、会社説明会、面接などがブランドタッチポイントである。対上司やチームメンバーであれば、朝礼、チームミーティング、1on1ミーティング、ビジネスチャットやメール、口頭での普段の報連相、雑談もブランドタッチポイントになりえる。

ブランドの価値を体験した顧客が口コミを広める場も、ブランドタッチポイントである。SNS、

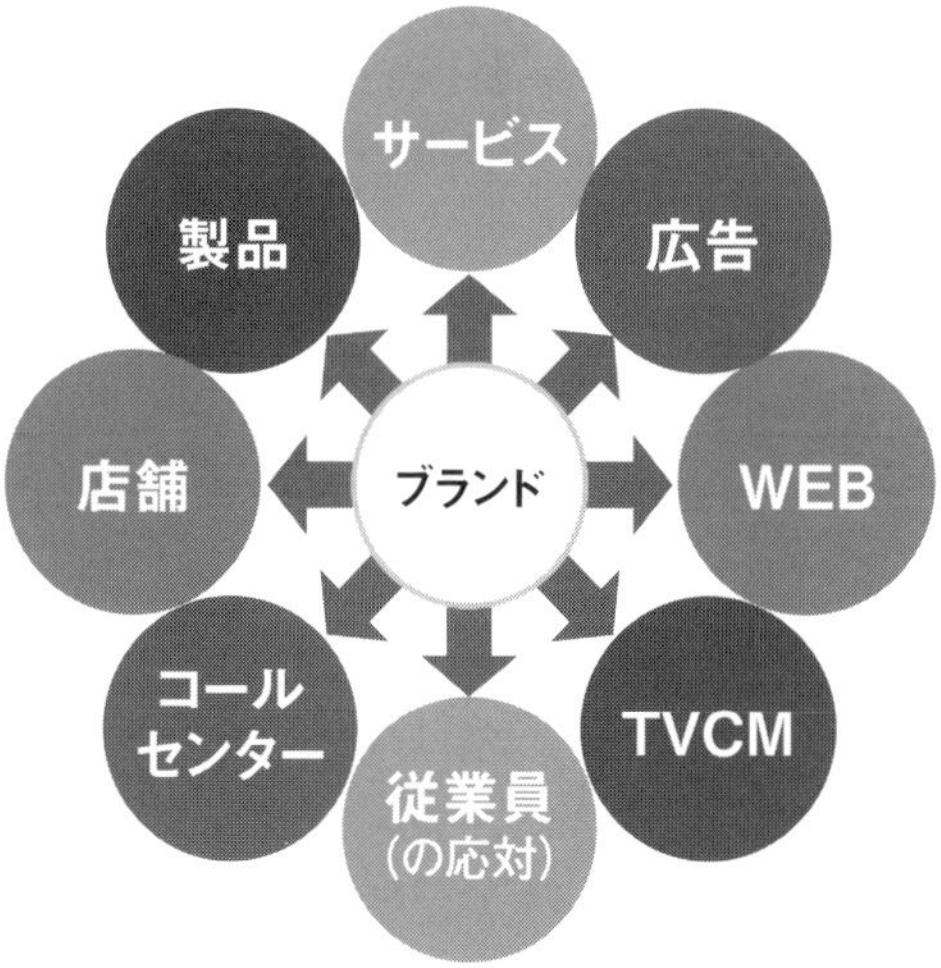

ブランドタッチポイント

ブログ、Amazonなどのインターネットサービスが提供するレビューも、ブランドタッチポイントと捉えることができよう。

●ブランド体験（ブランドエクスペリエンス）

顧客などのブランドステークホルダーが、そのブランドを認知したり利用したりして、そのブランドが提供する価値や世界観を体験することを、ブランド体験という。

- 顧客が、企業が提供するサービスを利用する
- 見込み顧客が、自動車製品を試乗する
- 消費者が、ある企業の商品開発にモニターとして参画する
- 他社の社員が、ある企業が主催する勉強会に参加する

ブランド体験は、ブランドの提供者（ブランドオーナー）や運営者の意図に関わらずおこなわれてしまうこともある。たとえば、従業員のふるまいや、その会社を辞めた従業員の行動も、第三者へのブランド体験をもたらす。それらは、ポジティブなブランド体験になることも、ネガティブなブランド体験になることもある。

〈ポジティブなブランド体験の例〉

- ハンバーガーショップの、店員さんの対応がよかった
- ある企業の営業車が道を譲ってくれた
- ある企業からの転職者が、自社で大活躍している

〈ネガティブなブランド体験の例〉

- ある企業の従業員が歩きタバコをしている
- ある企業の従業員が毎朝、通勤電車や雑居ビルのエレベーターを占拠する
- ある企業に通勤する車で、毎朝毎晩、道路が大渋滞する
- ある企業は事務手続きが煩雑で、毎回取引先や顧客に手間をかける

メディアを使った広告宣伝だけが、その企業のブランドイメージを決めるのではない。従業員やその企業の運営に携わるビジネスパートナーのふるまいも、ブランド体験を創出しうるのだ。

●エクスターナルブランディング／インターナルブランディング

顧客、株主・投資家・金融機関、採用候補者（未来の社員）など、組織の外部のブランドステークホルダーに対するブランディング活動を、エクスターナルブランディングという。また、社員や組織の運営に携わるビジネスパートナーなど組織の内部のブランドステークホルダーに対するブランディ

1 エクスターナルブランディング
顧客、取引先、株主・投資家・金融機関、採用候補者など
社外のファンをつくる取り組み

2 インターナルブランディング
社員（派遣社員、契約社員を含む）、ビジネスパートナーなど
組織内のファンをつくる取り組み

エクスターナルブランディングとインターナルブランディング

ング活動を、インターナルブランディングと呼ぶ。

ブランディングがうまくいっている組織は、インターナルブランディングにも力を入れている。外部のブランドステークホルダーに良質なブランド体験を提供するためには従業員など中の人たちのブランド理解やブランド体験が重要であり、中の人たちのふるまいが第三者にブランド体験をもたらすと認識しているからである。

ブランドマネジメントはすべての組織と人に必要

ブランドマネジメントは広報部門、マーケティング部門、経営企画部門のみが取り組めばいいというものではない。企業全体のコーポレートブランディングであればそうかもしれないが、そのほかのブランディングでは主体が変わる。

- 製品やサービスのブランディング　→　開発部門
- 部門や職種のブランディング　→　おのおのの事業部門やバックオフィス

- 採用候補者に対するブランディング　↓　人事部門
- 取引先やビジネスパートナーに対するブランディング　↓　購買部門や経理部門
- 自分自身のブランディング　↓　個人個人

そうして、自組織や自身とコラボレーションしてくれる相手を見つけ、ファンを増やしていきたい。ブランドマネジメントは、おのおのの現場の課題を解決する。次ページの図に、健全な組織のバリューサイクルに存在するおもなマネジメントキーワードとブランディングの関係をまとめてみた。自組織のマネジメントキーワードを解決するための手段として、組織もビジネスパーソンもブランドマネジメントを実践しよう。

事業単位、部門単位、チーム単位で、ブランドのふりかえりとブランディング強化の検討会をしてみてほしい。

- ブランドステークホルダーの特定（「だれに？」）
- 自己認識の言語化（「どう思われているか？」「どう思われたいか？」）
- ブランドタッチポイントの定義（「どこで？」）
- ブランド体験の定義（「どんな体験を提供しているか？」「どんな体験を提供しうるか？」）

これらを議論するのだ。既存のブランドタッチポイントを捉え、あるいは増やし、よりよいブラン

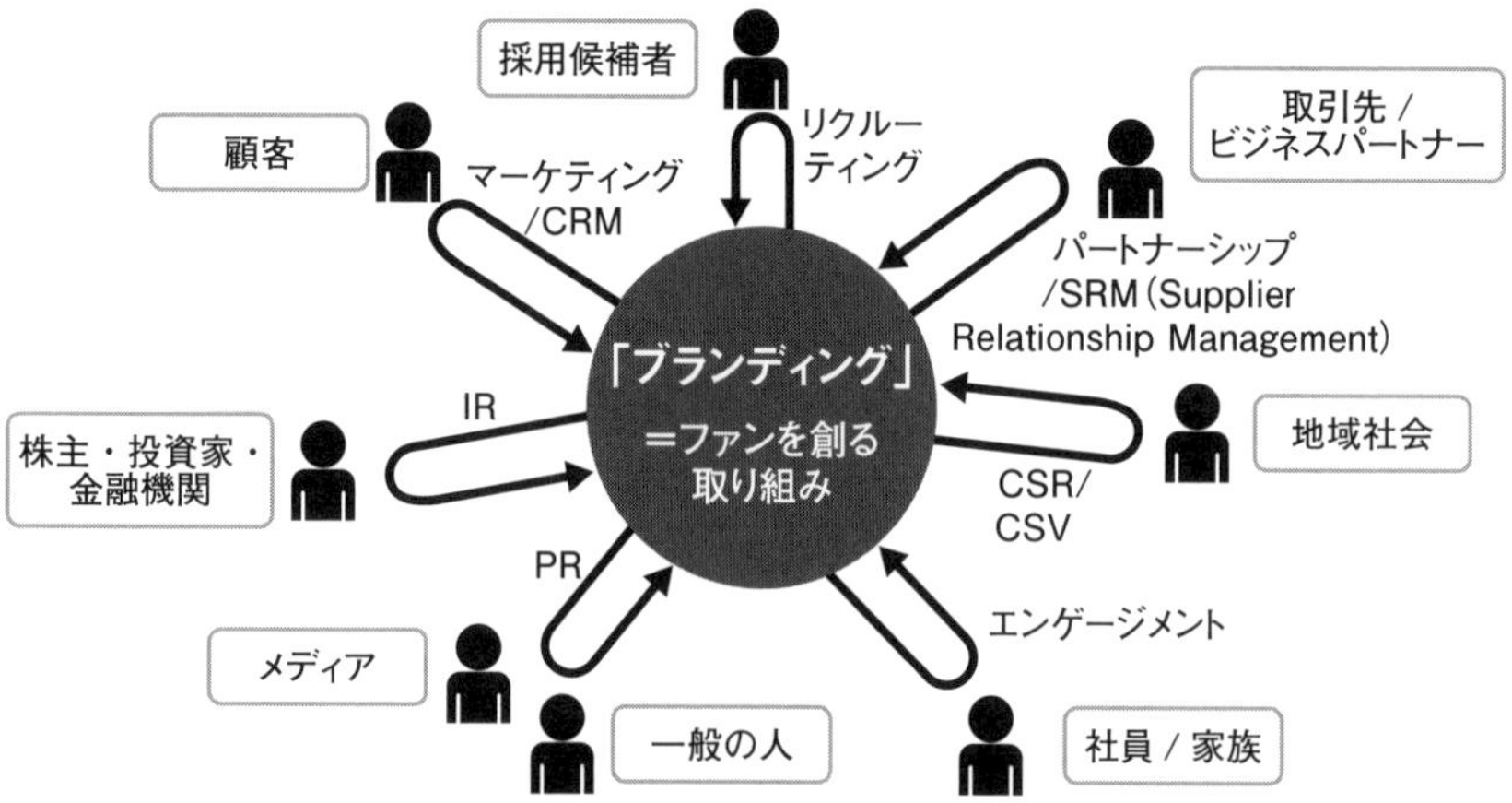

ブランディングとブランドマネジメントの意義

ド体験を創出しよう。それにより、自組織のファンを増やすのだ。

発信と受信　～「妖怪カオナシ」にならないために

ブランディングとは、あなたの組織が何者かであるかを特定または不特定多数の相手に伝達し、共感を得る行為とも捉えることができる。そのためには、あなたたちが何者であるかを相手に知ってもらわなければならない。

たとえば、あなたが家を建てるとしよう。まったく名前も知らず、Ｗｅｂサイトもなく、事務所も無機質でスタッフ同士の会話もない。そんな工務店に仕事をお願いしたいと思うだろうか？　よほど信頼している人から紹介されたのでもない限り、ほかの名のある工務店やハウスメーカーにお願いするだろう。

個人においても同様である。いままでどんな仕事を経験し、どんな知識や経験があり、どんな強みがあり、どんな価値観を持っているのか？　素性がわかっている相手のほうが声をかけやすいし、仕事の相談もしやすい。

筆者は、素顔が見えない組織や人のことを「妖怪カオナシ」と呼んでいる。あなたは、あなたの組織は、妖怪カオナシになっていないだろうか？

あなたやあなたの所属する組織は、自分たちが何者かを正しく発信する必要がある。

- 目指すゴールは？
- 大切にする価値観は？
- 課題は？
- 強みは？
- 弱みは？
- ナレッジは？
- やらないことは？

会社単位、部門単位、チーム単位、個人単位で、これらを常日頃から発信する、あるいは知りえる状態にしておくことは、組織のブランディング、ひいてはコラボレーションできる組織になるための基盤なのである。

同様に、情報の受信も欠かせない。

●世の中のトレンドやマネジメントキーワードは？
●最新の技術動向や、ワークスタイルの動向は？
●自社は世の中に遅れをとっていないか？
●自社や自部門は外からどう思われているか？
●自社は世の中から何を期待されているか？
●自部門は他部門から何を期待されているか？
●自職種に求められる、専門的な知識や技術は？

これらを受信しないと、いかなる組織も悪気なく独り善がりになり、共感者を遠ざけ、やがて陳腐化する。

ブランディングとは、発信と受信を繰り返して、自組織の姿を研ぎ澄ませることにより成り立つといっても過言ではない。それを怠ると、裸の王様と井の中の蛙の残念な組織の道を歩み続けることになる。発信や受信をしやすい組織風土づくり、場づくり、あるいは仕組みづくりも、コラボレーションできる健全な組織を維持運営するための重要な取り組みなのである。

ファン創出

ブランディングは、ファンづくりの取り組みともいえる。ファンとは、あなたやあなたの組織に共感する人たちである。

- 製品やサービスに関心を示してくれる人（見込み顧客）
- 製品を購入する人／サービスを利用する人（顧客、ユーザー）
- 入社して働いてくれる人（求職者、従業員）
- 協業してくれる人（ビジネスパートナー）
- 従業員やビジネスパートナーを支えてくれる人（家族）
- 事業運営に資金面で協力してくれる人（株主、投資家、金融機関）
- 製品、サービス、取り組みを広めてくれる人（インフルエンサー、メディア）
- 事業環境を提供してくれる人（行政、地域社会）

自組織への理解と共感度が高い相手とはつながりやすく、理解や協力を得やすい。すなわち、コラボレーションをして課題解決や新たな価値創造がしやすくなる。高利益体質なビジネスモデルの創出および組織運営が可能になる。ブランディング、コラボレーション、ファン創出、ビジネスモデル変革……これらはすべて表裏一体の関係なのだ。

ブランディングとは、ファンを増やすのみならず、アンチ（ファンの対義語、和製英語）を遠ざける行為でもある。アンチはその組織や製品・サービスを嫌い、理不尽なクレームをつけたり（いわゆるクレーマー）、誹謗中傷をしたりする。SNSなどインターネット上のコミュニティでは批判的な発言を繰り返し、場を荒らす。アンチはファンを遠ざけるのみならず、対応するコミュニケーションコストを発生させ、従業員など組織を運営する人たちのモチベーションを下げる。理不尽なクレーマーが飲食店の店員に攻撃的な態度をとり、モチベーションを下げる光景を想像すればわかりやすい。

アンチやクレーマーを遠ざけ、自社のビジョンや方向性、あるいはキャパシティを理解して共感してくれるファンに資源を集中投入する。ブランディングは、高利益および低コストな組織運営をするための取り組みでもあるのだ。

広報　～共感するステークホルダーとつながり、ファンに変える

自組織のファン、すなわちコラボレーションしてくれるよきパートナーを見つけてつながるためには、自組織のことよく知ってもらわなければならない。そのためには、広報活動が欠かせない。コラボレーションの必要性の高まりにあわせて、広報の重要性も増してきている。

自組織のビジョン、ミッション、価値観、課題、製品、サービス、技術、人、ロールモデル、歴史、ライフスタイル……これらを組織の外と内に発信し、共感するステークホルダーとつながり、自組織のファンに変えることができる組織とできない組織の差は大きく広がる。ステークホルダー＝広報活動の対象は次のようにさまざまだ。

- 顧客
- 取引先
- 地域社会
- 行政・官公庁
- 採用候補者
- 社員
- 社員の家族
- 協力会社
- 株主
- 投資家／金融機関
- 競合他社

広報の手段、すなわち発信方法も多様化してきている。さまざまな媒体や手段を駆使して、すなわちメディアミックスで情報発信をしていく必要がある。

- Webサイト
- SNS
- 映像や動画
- 新聞、雑誌
- ボイスメディア
- インフルエンサーやエバンジェリスト（伝道師）による代弁

スタートアップなど、創業初期から専任の広報担当者を置く企業もある。「自社の方向に共感するステークホルダーと、いかに素早く確実につながるか？」それが組織の成長のスピードと命運を左右するからだ。

IR ～株主、投資家、金融機関のファンをつくる

IRとは、Investor Relations（インベスター・リレーションズ）の略で、企業が株主や投資家や金融機関に向けて経営状況や財務状況、業績の実績や見通しなどを発信する活動をいう。自社に理解のある株主、投資家、金融機関は、自社の事業の強力なコラボレーションパートナーとなりえる。一

方で、目先の配当金を得ることしか眼中にない近視眼的な株主や、自社の方向性と合わない投資家は、健全な事業遂行を妨げる。モンスター株主、モンスター投資家に振り回せないようにするためにも、ＩＲは責任重大な役割といえよう。

インターナルコミュニケーション　～組織の内部にファンをつくる

ブランドマネジメントの話でインターナルブランディングに触れたが、広報活動のうち、社員や協力会社、グループ会社など内部に向けたものをインターナルコミュニケーションという。社内報やイントラネットによる情報発信、全社キックオフイベントや社長講和などは、全社レベルでおこなわれるインターナルコミュニケーションの代表例だ。

組織としての一体感や方向感を保ちつつ、多様な人材がおのおのの勝ちパターンで仕事をして成果を発揮するためには、自組織のビジョン、ミッション、大切にすることなどを発信し、メンバーに浸透させる必要がある。


「自社らしさとはなにか？」

「自分の期待役割はなにか？」

「自分の行動やふるまいは、組織の方向感と合っているだろうか？」

「この顧客や取引先は、自社の方向感とマッチしているだろうか？」

「この候補者は、自組織のカルチャーにフィットするだろうか？」

このような自問自答と議論を繰り返すことで、組織もメンバーも「らしさ」を意識し、体現できるようになる。

自組織にマッチする、「らしい」相手とのコラボレーションが増えることで、その組織の「らしさ」は強化され、差別化される。すなわち、組織のブランディングが強化される。インターナルコミュニケーションとブランディング、そしてコラボレーションは、表裏一体の関係にあるのだ。

全社レベルのインターナルコミュニケーションも大事だが、部門やチーム単位の半径5メートル以内のインターナルコミュニケーションもそれ以上に重要である。筆者はかつて、複数のグローバル企業で、フランス人、南アフリカ人、イギリス人など異なる国籍の部門長の下で働いたことがある。彼ら／彼女たちは、部門内にニュースレターを発行していた。毎月あるいは毎週、世界各国の部下に、会社の方向性と部門の方向性、部門の重点課題やＫＰＩ（部門に課せられた重要業績評価指標）に対する進捗状況、主要プロジェクトの進捗共有、新メンバーの紹介、「らしい」取り組みをしているメンバーへの賞賛のメッセージなどを伝えていた。グローバルな環境で、国もバックグラウンドも価値観も異なるメンバー同士で仕事をするからこそ、インターナルコミュニケーションおよびビジョンニング（ビジョンをメンバーに浸透させて同じ方向に導く行為）は重要であり、部門長もそこに重きを置いていたのだ。全社規模のみならず、部門単位、チーム単位のインターナルコミュニケーションも大切にしてほしい。

CSRとCSV　～社会をファンにする

CSRとはCorporate Social Responsibilityの略で、直訳すると「企業の社会的責任」である。環境維持活動、ボランティア活動、寄付活動など、企業が通常の事業活動とは別に取り組む、社会貢献への取り組みを指す。

似て非なる言葉に、CSVがある。CSVはCreating Shared Valueの略で、社会的な課題を自社の強み（本業）で解決することによって、社会価値と経済価値の両方を創造する経営戦略をいう。

CSRとCSVは、次のように捉えることができる。

- CSR　→　本業とは別の取り組みで社会課題を解決する
- CSV　→　本業または本業の延長線上で社会課題を解決する

いずれも、「社会を自社のファンにする取り組み」と捉えることもできる。たとえば長時間労働が常態化して夜遅くまで明かりがついているオフィスビル。地域社会にいいイメージを与えるとは言い難い。その地域そのもののイメージを悪くしかねない。テレワークができる職種があるにもかかわらず、全社員や協力会社を毎日同じ時間に通勤させ、鉄道の混雑や交通渋滞を作り続ける光景は健全ではない。清掃活動や寄付などのCSRも大事だが、それよりも日頃の事業活動のあり方や働き方を変えることで、働く人たちも地域社会も幸せになる。全員を出社させない。テレワークができる人はテレワークをする。それにより、本当に移動を必要とする人のために電車やバスの座席を空けておく、本当に出社しなければならない人たちに道を譲る。それこそが、現実的かつサステイナブル（持続可能）なＣＳＲ、ＣＳＶといえるのではなかろうか？

なぜかテレワークやリモートワークがＣＳＲ、ＣＳＶの文脈で語られる機会はほとんどない。しかし、テクノロジーを使って経営課題と社会課題を解決することこそが、企業の社会的責任ではないだろうか？　働き方改革、テレワーク、デジタルワーク化……これらも単なる人事施策やＩＴ施策、福利厚生ではなく、ＣＳＲ、ＣＳＶの文脈でも捉えて意味づけしてほしい。

ＳＤＧｓ　～国際的な目標と自組織の課題解決をひもづける

前章でも触れたが、ＳＤＧｓはSustainable Development Goals（持続可能な開発目標）の略称であり、２０１５年9月に国連で開かれたサミットで決定された共通目標として、国連に加盟するすべての国が２０１６年から２０３０年までの15年間にわたって達成に向け取り組むべきものである。具体的には、持続可能な世界を実現するための17の目標と１６９のターゲットが設定されている。

SDGsの17の目標

1. 貧困をなくそう
2. 飢餓をゼロに
3. すべての人に健康と福祉を
4. 質の高い教育をみんなに
5. ジェンダー平等を実現しよう
6. 安全な水とトイレを世界中に
7. エネルギーをみんなに そしてクリーンに
8. 働きがいも経済成長も
9. 産業と技術革新の基盤をつくろう
10. 人や国の不平等をなくそう
11. 住み続けられるまちづくりを
12. つくる責任 つかう責任
13. 気候変動に具体的な対策を
14. 海の豊かさを守ろう
15. 陸の豊かさも守ろう
16. 平和と公正をすべての人に
17. パートナーシップで目標を達成しよう

1つの企業がこれら17すべての目標をクリアできるものではない。CSR、CSVと同様に、SDGsも健全な組織のバリューサイクルの中で捉え、自組織の課題解決とひもづけて、できるところから発展的に解消していきたい。

たとえば、SDGsのNo・5とNo・8は、健全な組織のバリューサイクルの「コアサイクル」(後述)を回すことで、かつ「ダイバーシティ」すなわち多様な人材が活躍しえる環境を整えて実践することで、十分に達成しえる(詳細は126ページを参照)。

5. ジェンダー平等を実現しよう
8. 働きがいも経済成長も

SDGsを達成するためのSDGs活動、すなわち「SDGsごっこ」ではなく、自社や自組織の課題を解決し、そこで働く人たちも幸せになる形でSDGsの要件「も」満たす活動に取り組みたい。

繰り返しになるが、テレワークできる職種があるにもかかわらず、社員や協力会社に満員電車での通勤や、激しい渋滞の中の車通勤をさせ続けている企業がSDGsを掲げているのはどうかと思う。

7. エネルギーをみんなに そしてクリーンに
11. 住み続けられるまちづくりを
13. 気候変動に具体的な対策を

これらの目標にも反する。そのような企業に、SDGsを名乗る資格はない。ちなみに、このようなうわべだけのSDGs活動を「SDGsウォッシュ」と呼ぶ。あなたの組織はSDGsごっこ、SDGsウォッシュに陥っていないだろうか？

以上は、おもに経営や部門長目線のテーマである。ビジネスモデル変革を主導するのはほかならぬ経営者であり、組織のビジョンやゴールの設定も一般的には経営層や部門長の役割だろう。コラボレーションやイノベーションを促進するための仕組みづくり、KPI設定、制度設計も、経営マター、管理部門の部門長マターの色が強い。地図で例えるなら、縮尺1キロメートルのハイレベルな視点での取り組みである。縮尺100メートルの世界で生きている中間管理職以下の人たちとっては、雲の上の世界の話に聞こえ、自分ごととして腹落ちしにくいかもしれない。

ここからぐっと高度を下げ、縮尺100メートルの世界に降りてみる。いわば、部課長以下マター。半径でいえば5メートル以内の現場のリアルの世界である。

まずはここから！半径５メートル以内＝部課長以下のリアリティの世界
（部単位・課単位・チーム単位）で取り組んでほしい３つの活動

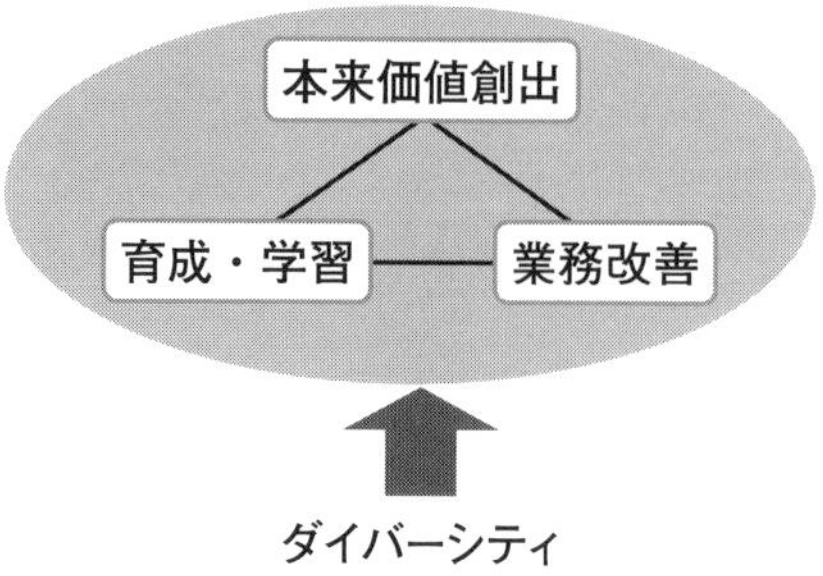

バリューサイクルにおける「コアサイクル」

「コアサイクル」～本来価値創出、業務改善、育成・学習

本来価値創出、業務改善、育成・学習の3つは、縮尺100メートル、半径5メートル以内の現場で考えて実践してほしい取り組みだ。半径5メートル以内とは、部課長以下のリアリティの世界と捉えてほしい。多くの組織は、部長、課長あるいは課長代理とその配下のメンバーで通常業務を遂行しているが、それが半径5メートル以内の世界、イコール、仕事の成果を出す最小チーム単位である。そのきわめて日常的な環境こそが、社員や派遣社員などいわゆる現場のメンバーのパフォーマンス、やりがい、モチベーション、そして成長を大きく左右する。

「上司とウマが合わずに退職する」

「職場の雰囲気が悪く、モチベーションが上がらない」

これらは、いずれも半径5メートル以内の話である。それくらい、部課長以下の世界が個人に及ぼす影響は大きいのだ。

健全な組織のバリューサイクルの図において、本来価値創出、業務改善、育成・学習の3つを筆者は「コアサイクル」と呼んでいる。「コアサイクル」は、部課長の責任において主体的にテーマ設定、課題設定、目標設定をし、課題解決や成長に向けてチームをドライブできる範囲だ。

ここからは、健全な組織のバリューサイクルの「コアサイクル」を構成する3つの要素と、「コアサイクル」を回すことにより得られる効果をひも解いていきたい。

本来価値創出　～期待役割や理想像を言語化する

「自組織（自部門や課、自チーム）の本来価値は何か？」

部課長やチームリーダーは、まずこれを自ら問いかけ、定義する必要がある。1人で答えが出せないのなら、部課長同士、チームリーダー同士、あるいは担当役員や部門長と話し合ってみよう。もちろん、自組織のメンバーである社員や派遣社員、外部のビジネスパートナーとも議論してほしい。それ自体がチームビルディングにもなる。

筆者が過去に伴走した、あるクライアントの話をしよう。その企業は無線機器関連の製造業で、筆者は研究部門に対してワークショップをした。人数は約30名。まさに半径5メートル以内のリアルな世界だ。

「研究部門なのに、研究ができていない」

これが部門長の悩みだった。聞けば、調査や社内向けの報告資料や説明資料の作成に追われていて、新たなテーマを研究する時間がまったくとれていないとのこと。「研究員なのに、研究ができない」とモチベーションを下げる社員も少なくない。また、社内の他部門からの評判も芳しくなかった。「ウチ（当社）の研究部門に新しいテーマの研究なんて期待できない」と、研究部門の社内プレゼンスは下がる一方だ。

研究部門の価値は、文字どおり研究することである。研究者の本来価値も然り。その部門長は、このような命題と具体的かつ定量的な目標を掲げた。

●研究できる研究部門になる
●3か月後までに、1人最低週1時間、研究のための時間を確保できるようにする

自組織の本来価値を議論する際、以下の4つを言語化したい。

①自分たちが考える本来価値（自己認識）
②関連部門や社外からの評価や期待役割（他者評価、水平方向）
③経営層や部門長からの評価や期待役割（他者評価、垂直方向）
④他社の同職種や同業務の理想像（ロールモデル）

いきなり「あなたの組織の本来価値は何ですか？」と問われて、すらすらと答えられる人は少ない。なぜなら、私たちは日ごろ自組織の本来価値が何かなど意識せずに日々の仕事をこなしているからだ。よって、①はすぐには答えを出せないかもしれないが、②と③、すなわち水平方向と垂直方向の他者フィードバックを得て、自分たちへの期待役割と本来価値を言語化していく。

可能ならば、④もぜひ情報収集してほしい。同じ職種の他社の先行事例やベストプラクティスに触れることで、自分たちがプロフェッショナルとしての価値が高いのか低いのかを客観的に考察でき、かつ目指す姿（ロールモデル）を設定しやすくなる。営業部門なら他社の営業部門やマーケティング部門の、総務部門なら他社の総務部門の、ＩＴエンジニア組織ならＩＴ業界や他社の情報システム部門の情報に触れよう。

職種軸のみならず、業務軸で世の中の情報に触れるのもいい。なぜなら、あなたの職種の業務範囲が必ずしも世の中のそれと一致するとは限らないからだ。仮にあなたが総務部門の部門長だとしよう。総務部門の業務は、会社によって異なる。ある会社の総務部門は、株主総会や経営会議の事務局、施設管理、安全衛生管理を所掌範囲としているものの、別のある会社は広報業務や情報システムの導入・

維持管理までカバーしている。よって、職種だけで判断するのではなく、業務内容にフォーカスして、業務軸で世の中の情報のシャワーを浴びてほしい。あなたの会社の総務部門は、世間でいうところの広報部門や情報システム部門の役割までも担っているかもしれないのだ。

幸いなことに、最近はオンラインで聴講できるフォーラムやセミナーも増えてきた。他社の情報に触れる機会を意識的に増やそう。同じ職種や業務のキーワードに意識のアンテナを立て、職種軸や業務軸で世の中のいいプラクティスに触れる。それは、自分たちの相対的な位置づけを客観的に把握し、本来価値を考えるうえで大いに役立つ。

他社の情報を収集する際は、次の2つに留意してほしい。

●ただ情報を集めただけではダメ、必ず議論する
●ＩＴを活用した事例に触れる

情報を集めて満足する人たち。「事例をください」とだけ騒いだ挙げ句「ウチには合わない」「ウチのやり方は特殊だから」と斜に構えて何もしない、いわゆる「事例クレクレくん」と呼ばれる人たち。控えめにいって、残念である。事例がなければ、自分たちが先行事例になればいい。そのほうが学びや成長も大きいし、カッコイイ。

情報に触れたら、必ず議論しよう。

「自組織に当てはめて考えたら、何ができるか？」
「自組織に足りないものは何か？」

こうして、学びを自分ごと化していく。社外のフォーラムやセミナーなど、できれば複数名で参加するといいだろう。終わった直後に同じテーマや土俵で議論できるし、意見交換を通じて自分にない気づきや学びを得られるからだ。1人で参加して内容や学びを組織内に展開するとなると、説明コストがかかるし、なにより情報の鮮度が落ちる。あるいは、その講演者を呼んで社内講演してもらうのもいい。全員が同じ話を聞く。そうすれば、その後の議論を全員が同じ景色で、建設的に進めやすくなる。メンバー間の「景色合わせ」は、チームビルディングの基本である。

どんな業務領域であっても、ITを活用した事例には意識的に触れておきたい。なぜなら、もはやIT活用はあたりまえであり、生産性の向上はもちろん、新たな価値を生み出す基盤となるからだ。最近では、各々の領域においてITを活用した研究や取り組みも盛んになってきた。人事領域であれば〝HRTech〟のように。以下、〝X-Tech〟の一例を紹介する。

- HRTech（人事×IT）
- AgriTech（農業×IT）
- EdTech（教育×IT）
- FinTech（金融×IT）

●ＦｏｏｄＴｅｃｈ（食×ＩＴ）
●ＨｅａｌｔｈｃａｒｅＴｅｃｈ（ヘルスケア×ＩＴ）

自身の領域とＩＴをかけ合わせた〝Ｘ－Ｔｅｃｈ〟の情報にアンテナを立てるといいだろう。

業務改善　～日常に潜む無駄を発見する

本来価値を創出できる組織になるためには、いままでの仕事のやり方や時間の使い方を見直す必要がある。すなわち、業務改善をしなければならない。業務改善は、いままでのあたりまえを疑い、無駄を特定するところから始まる。ところが、私たちはなかなか無駄に気づかない。業務改善のワークショップで「無駄だと思うものを洗い出してください」と言っても、「いえ、無駄なんてありません」と答える人たちがいる。無理もない。なぜなら、無駄は日常のあたりまえの中にビルトインされて（溶け込んで）しまっているからだ。あるいは「私はこの作業は無駄だと思う」「そうは思わない、この作業は必要だ」など喧嘩や綱引きが発生し、議論が進まない場面にも遭遇する。

そもそも、仕事における無駄とは何か？　それは、「理想の姿と現実の姿のギャップを生じさせているもの」である。すなわち、その組織の本来価値創出を邪魔するものはすべて無駄である。

たとえば、研究部門にとって資料作成や社内報告など、研究以外の間接業務は、すべて無駄と捉えることができるかもしれない。いったん、そのくらい極端な発想で考えてみることが大事だ。ある部署にとっては無駄な作業も、ほかの部署にとっては無駄ではないかもしれない。何が無駄でないかは、組織によって異なる。正解はない。だからこそ、各々の組織ごとの本来価値の言語化が重要なのである。

前述の製造業の研究部門は、「研究できる研究部門になる」「3か月後までに1人最低週1時間、研究のための時間を確保できるようにする」というゴールイメージを掲げてから、徐々に現場のメンバーが無駄を意識し、指摘するようになった。

「そういえば、この定例報告書って本当に必要なのでしょうか?」
「情報共有だけのミーティング、オンラインでよくないですか?」

こうして部門の本来価値、すなわち研究に寄与しない業務や作業が言語化できてきた。定量的な目標を設定したのも効を奏した。

「1人最低週1時間、研究のための時間を確保できるようにする」

週1時間の空き時間を捻出するためには、何を効率化し、何を止めたらいいのか、みんなが真剣に考えたのだ。その組織の本来価値とは、いわば「何が無駄な仕事で、何が必要な仕事か」を判断するための軸である。軸がないと、業務改善活動は空回りし、迷走する。だからこそ、本来価値の言語化をおこなってほしいのだ。
我々の日常業務に潜む無駄を発見するための観点を5つ紹介しよう。

❶繰り返し性のある業務
❷共通業務
❸間接業務（準備業務、調整業務など）
❹手戻りの多い業務
❺ITにより代替／削減できる業務

❶繰り返し性のある業務

いわゆるルーチン業務は、効率化の余地が大きい。繰り返し発生するため、効率化や削減する効果も大きい。

朝礼や日報など、日次でおこなっている業務。週次の部内ミーティングなど、週次でおこなっている業務。月次報告。あるいは、問い合わせ対応など、不定期ではあるものの高頻度で発生する業務も洗い出しておきたい。このような繰り返し性のある業務は、次のような改善を検討しよう。

- プロセスや手順を見直して効率化する
- スキル・ノウハウを共有して、だれもが一定のスピードと品質で対応できるようにする

- 頻度を減らす
- やり方を変える（「オンライン対応に変える」など）
- やめる

❷共通業務

だれもが共通しておこなっている業務にも無駄は潜みやすい。

- 各自のスケジュール管理
- メールや電話でのコミュニケーション
- 社内外の電子ファイルの授受

❸周辺業務（準備業務、調整業務など）

準備や調整（共通業務と重なる部分もある）など、その業務の周辺にある業務も、我々の時間や集中力を奪う。たとえば、1つの会議を開催するにも、いくつもの周辺業務が発生する。

- 参加者の選定
- 参加者の空きスケジュールの確認
- 候補スケジュールの選定

- 候補スケジュールの空き会議室の確保
- 会議の議題の決定
- 会議資料作成のための関係者への情報提供依頼と督促
- 会議資料の作成、印刷
- 会議室の準備やリハーサル
- 議事録の作成
- 会議室の片づけ
- 議事録の送付

出席者側も、日程調整、移動時間の確保、議題や資料の査読、移動など、さまざまな周辺業務をこなさなければならない。これらの周辺業務を効率化する効果、なくす効果も大きい。「会議の見直し」なる改善テーマを掲げる時、我々は会議そのものの要否や運営方法に注目しがちであるが、むしろその会議をおこなうために発生している周辺業務や時間の削減効果のほうが大きい場合もある。業務改善を検討する時、その業務の周辺業務を書き出してみよう。

❹手戻りの多い業務

差し戻し、やり直しなど手戻りの多い業務も要チェック。手戻りは、本来業務に集中できる時間や集中力を奪う敵である。なかなか手離れしない仕事は、関わる人たちのモチベーションも下げる。

❺ITにより代替／削減できる業務

いままでのやり方では1時間かかっていた作業が、最新のデジタルテクノロジーを使えば1秒で終わることもある。あるいは、プロセスそのものをなくすこともできる。

ある地方都市のホテルの例を挙げよう。そのホテルでは人材獲得に苦心していた。そこで発想を変え、人を採用するのではなく、無人で顧客対応ができる仕組みに変えた。スマートフォンを使った電子キー発行のクラウドサービスを採用。利用客は、宿泊予約の完了後に発行される電子キー情報を使って、チェックイン／チェックアウト、部屋の開錠／施錠、支払いをすべて自動でおこなうことができる。これにより、そのホテルではフロント業務を自動化、無人化することができた。利用客からも「チェックイン／チェックアウトの時間と手間がなくなり、観光や仕事に使える時間が増えた」と好評だ。

無駄の発見の仕方や具体的な改善のアプローチは、拙書『業務デザインの発想法』（技術評論社）も参照されたい。

育成・学習　～本来価値創出や業務改善のための能力や知識を確保する

「コアサイクル」を有効に回すためには、メンバーの育成・学習も欠かせない。ただ「価値向上しろ」「勉強しろ」と騒いでいただけでは駄目なのである。

対象は2つ。本来価値創出のための育成・学習、そして業務改善推進のための育成・学習だ。

前述の製造業の研究部門は、研究のための時間創出をゴールに掲げて業務改善を進めた。一方、業務改善により生まれた時間で何を研究するか、すなわち研究のテーマについては決まっていなかった。部門長は「ＡＩ」と「機械学習」について研究する必要性を感じていたが、ＡＩや機械学習についてくわしい研究員はだれもいない。そこで、生まれた時間を使ってＡＩと機械学習を研究することにした。まずは部門の経費でＡＩや機械学習の書籍を買って読んだり、持ち回りで最低月1回は社外のフォーラムやセミナーに参加したり、外部の有識者を呼んで講演してもらったりと。このような、本来価値創出のための育成・学習も計画的かつ積極的におこないたい。

業務改善もまた然り。無駄の洗い出しを始めとする、業務改善活動を進めるにも、能力や知識を必要とする。改善をしたことのない人たちに「改善しろ」と言っても何も始まらないし、動かない。外部ファシリテーターを招聘する、研修を受講させる、書籍を購入して読むなど、改善推進のための武器を買い与えてほしい。また、業務改善をする時間的リソースも確保してほしい。改善活動を仕事として認め、その成果や変化を正しく評価する。そうでないと、だれも業務改善に乗り気でなくなる。業務改善を、気の利いた勇者のボランティア活動、またはババを引いた人の罰ゲームにしてはいけない。業務改善力は、その組織および身につけた個人双方の一生モノの武器になる。組織そのものの育成と成長の観点で、改善にしっかりと投資していただきたい。

業務改善の進め方や壁の乗り越え方については、拙書『職場の問題地図』『仕事の問題地図』および共著『業務改善の問題地図』（いずれも技術評論社）も参照されたい。

以上、半径5メートル以内のリアリティ、すなわち部課長以下のリアリティの世界で取り組んでほしい「コアサイクル」を解説してきた。その効果は、現場のメンバーを中心に、以降に述べる形で現れる。

成長実感

「コアサイクル」が回り始めると、現場のメンバーに変化があらわれる。プロとしての本来業務により集中できる組織になるからだ。

「このチームなら、プロとして成長できる」
「会社はまだまだ堅苦しいし、無駄だと思う業務もたくさんある。でも、この課長のもとなら成長できそうだ」

業務改善の成功体験も、その組織とメンバーの成長実感を高める。

「自分たちの力で改善できた」
「仕事がラクになった」
「ＩＴを使いこなせる私たち、かっこいい」

「やればできる」「自分たちにもやれる」という体験は、自信になり、その後の業務改善推進や変革の大きな後押しになる。成功体験の手ごたえが、チームメンバーの一体感を高め、チャレンジに対する内発的動機づけにつながるのだ。小さな改善でかまわない、半径5メートル以内の世界から成長の変化を起こしてほしい。

その際、部課長やリーダーに意識してほしいことが3つある。

成長とは一定期間の変化の差分である

これはNOKIOOの取締役、小田木朝子（おだぎともこ）氏の言葉だ※。一定期間の変化を測るためには、定点の設定と観測が欠かせない。そのためには、次のことを徹底してほしい。

- 目標やゴールの設定（中間目標でもかまわない）
- 「ふりかえりポイント」の設定
- ふりかえりの実施

※小田木朝子氏のボイスメディア Voicy『今日のワタシに効く両立サプリ』第72回「年末前に知っておきたい成長実感を正しく発見して自覚するコツ」より
https://voicy.jp/channel/1240/110010

ふりかえりとは、変化を測定する行為にほかならない。裏を返せば、適切なふりかえりがおこなわれないと、組織およびメンバーは変化や成長を実感しにくくなる。

「成果」と「貢献」と「変化」を言語化する

小田木氏は、ふりかえりをするポイントとして「成果、貢献、変化をごっちゃにしない」と忠告している。

成果、貢献、変化は、「成長の3要素」と定義してもよかろう。この3つを分けてふりかえりをすることで、組織や個人の成長に足りていないものや進捗を客観的に図ることができる。

変化は言語化によって実感できる

「成果は、数値化によって実感できる。変化は、言語化によって実感できる」

筆者が経営者向けの講演会やメディアでしつこく主張しているメッセージである。成果は数字で評価しやすい。ところが、変化はなかなか数字には現れにくい。業務改善や組織風土改革は、すぐには目に見える成果を生まない。リーダーは、成果を急がず、まずは変化に注目してほしい。そして、変化を率先して言葉にしてほしい。

「会議のやり方を変えたら、意見が出るようになったね」

「新しいＩＴツール、意外とイケるね」

「仕事のやり方変えた？　なんか、手戻りが少なくなった感じがするよね」


このような感想レベルでかまわない。リーダーのこうしたひとことが、メンバーに変化の実感、成長実感をもたらす。


「リーダーが見てくれている」

「変えるのはいいことなんだ」

「チャレンジし続けよう」


こんなモチベーションが生まれる。

業務改善も組織変革も、すぐに目に見える成果を生むものではない。ましてや、過去30年、40年、50年と時間をかけて培われてきたカルチャーであれば、１か月や1年でおいそれと変わるものではない。即の成果を求めすぎず、まずは小さな変化から言語化してほしい。

エンゲージメント

エンゲージメントの対象は会社だけとは限らない

エンゲージメントとは、つながりの強さを示す英単語だ。働く人たちの、所属組織や仕事へのつながりの強さ、すなわち帰属意識や愛着を表す。かつては「愛社精神」と表現されたが、今の時代、その説明では不十分である。エンゲージメントの対象は「会社」とは限らない。所属部門や課、チームなど、実際に日々の仕事をする半径5メートル以内の組織もエンゲージメントの対象になりうる。

派遣社員やビジネスパートナーのスタッフ、フリーランスなど、所属会社と実際に仕事をおこなう会社が異なるケースも少なくない。その場合、所属会社に対するエンゲージメントよりも、派遣先や常駐する客先などに対するエンゲージメントを考慮したほうが現実的であろう。

また、プロジェクト活動など、期間限定で特定のゴールを達成するために社内の複数部門のメンバーや社外の有識者とチームを組んで仕事を進めるシーンも増えてきた。プロジェクトにおいては、各々の所属組織よりも、むしろそのプロジェクトのビジョンやミッション、プロジェクトリーダーやメンバーに対するエンゲージメントがものを言う。

組織そのものには愛着はないが、仕事や職種に対するエンゲージメントが高い人もいる。「自分は金型職人の仕事に誇りをもっている」「法律のプロとして誇りをもって仕事をしている」など。職人気質の人に顕著な傾向である。このように、エンゲージメントの対象は会社だけとは限らない。

プロとして成長できる組織は、そこで働くメンバーのエンゲージメントを高める。逆の見方をすれば、時代遅れの仕事のやり方が蔓延する組織、「仕事ごっこ」（仕事のための仕事、コラボレーションおよび本来価値創出の邪魔する仕事や慣習）まみれのチームやプロジェクトは、プロとして成長したい本気の人たちのエンゲージメントを下げるのだ。業務改善とエンゲージメントは表裏一体なのである。

環境要因やコミュニケーションの取り方もエンゲージメントに影響する

「ＩＴシステムが古くて、業務効率が悪い」

「意思決定に時間がかかり、新しい仕事に着手できない。経験を増やすことができない」

「自宅でも仕事できるのに、自宅のほうが捗るのに、毎日オフィスに強制的に出社させられる」

「職場が寒くて暗くて狭い。仕事が捗らないし、プロとしてリスペクトされていない気持ちになる」

「部課長が細かく指示してくる。信頼されていない感じがするし、成長できない」

「情報は社員にしか共有されない。派遣会社や協力会社スタッフは蚊帳の外。主体性を持ちようがない」

「上司のお取引先への態度が横柄で上から目線。お取引先に申し訳ないし、自社を恥ずかしく思う」

このような環境要因やコミュニケーションの取り方も、そこで働く人たちのエンゲージメントを下げる要因になりうる。

終身雇用、すなわち1人の正社員が同じ会社だけで勤め上げる時代はすでに終わりを迎えつつある。派遣社員、業務委託、フリーランスなど同じチームで共に働く人たちの雇用形態や業務形態も多様化しつつある。有期かつ特定のゴールを設定した、プロジェクト型の仕事のやり方も一般化してきた。会社単位のみならず、部門単位、プロジェクトベース、職種単位など、さまざまな切り口で、そこで働く人たちのエンゲージメント向上を図っていく必要があろう。リーダーの言動やふるまいはもちろん、職場環境、働き方、育成に投資しているかなども、人々のエンゲージメントを左右する。

エンゲージメント向上の3つのアンチパターン

少子高齢化による労働力不足が進行する昨今において、エンゲージメントは企業組織にとって重要なマネジメントキーワードになりつつある。社員の組織や仕事に対するエンゲージメントの低さは、採用競争力や人材の定着率に直結する。雇用形態や働き方も多様化する時代、社員のみならず、派遣社員やビジネスパートナーなど社員以外のステークホルダーのエンゲージメント向上も組織運営の肝である。

ここで、エンゲージメント向上に対するアンチパターン、すなわち残念な考え方の例を3つ紹介する。

●社員のエンゲージメントしか考慮しない

前述のとおり、もはや社員だけで完結する業務は少ない。組織やプロジェクトは、社員、派遣社員、契約社員、外部のビジネスパートナー、フリーランスなどさまざまなメンバーで成り立っている。正社員だけで構成される組織やプロジェクトは、これから少なくなるだろう。社員だけを優遇する、あるいは社員以外のメンバーを不公平に扱う環境や制度は、社員以外のメンバーのエンゲージメントを下げ、無駄に社員と社員以外のメンバーの溝を作り、チームの一体感とパフォーマンスに悪影響を及ぼす。

●エンゲージメントの対象＝会社のみ

エンゲージメント＝愛社精神と解釈している人に目立つ発想。これまで述べてきたとおり、エンゲージメントの対象は会社のみとは限らない。もちろん、全社の制度や環境をよりよくすることも重要だが、それだけでは十分とはいえない。日々の仕事の充足度や成長実感は、半径5メートル以内の世界、すなわち部門やチーム単位、あるいはプロジェクト単位で決まる。

「営業のプロとして成長できるか？」

「ITのプロとして正しく活躍できるか？」

プロ意識の高い集団であれば、会社よりも職種ごとのエンゲージメントのほうが重要である。「ウチは製造業だから」「自動車業界だから」のように、業種カットや会社カットで考えるのではなく、専門性カット、すなわち職種カットでプロとして活躍および成長できる働き方やカルチャーを実現してほしい。

●飲みニケーションやレクリエーションに依存する

「チームの一体感がない。飲み会をやろう！」
「社員のエンゲージメントを高めるために、バーベキュー大会と運動会を開催します」
「社訓を毎朝唱和すれば、一体感が高まる！」

いまだこのような昭和型終身雇用社会前提の発想、体育会系の発想を捨てられない経営者や部門長が散見される。筆者は、飲みニケーションやレクリエーションを否定しているわけではない。それらも働く人たちのモチベーションやエンゲージメントを高める手段として効果を発揮しうる。ただ、飲みニケーションやレクリエーション一辺倒なのはいかがなものか。

家族との時間を優先したい人、資格取得の勉強をしている人、会社以外の時間やコミュニティを大切にしたい人など、会社組織や仕事に対する向き合い方も人それぞれである。飲み会や休日や時間外のレクリエーションは参加のハードルも高い。料理や運動が苦手で、バーベキューや運動会を苦痛に感じる人もいる。むしろ、ランチタイムのコミュニケーションや、カフェスペースを設置して休憩時間でするカジュアルなコミュニケーションのほうが、よほどエンゲージメントの向上につながる。社訓の唱和強要や社内イベントの参加強要など、社員への過度な愛社精神の要求は、むしろ退社精神を助長することになる。今の時代、エンゲージメント＝愛社精神ではないのだから。チームメンバーのエンゲージメントの現在位置、すなわち状態を正しく把握しよう。

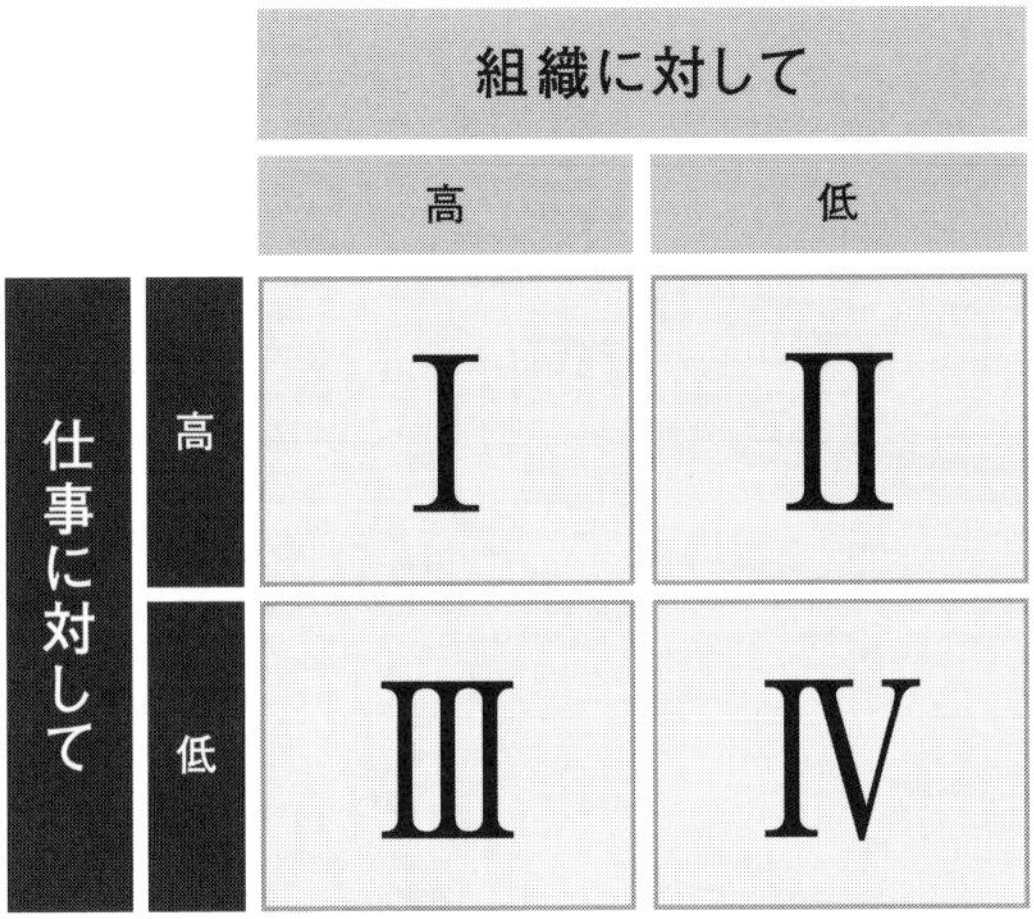

エンゲージメントの4象限

エンゲージメントの４象限

エンゲージメントのパターンを４象限で分類してみた。あなたの組織のチームのメンバー（あるいはあなた自身）がどの状態なのか？　どこを目指すのがいいのか？

エンゲージメントの対象は、大きく2つに分かれる。会社や部門など組織に対するエンゲージメントと、仕事や職種に対するエンゲージメントだ。それぞれ、高い／低いの2軸で評価できる。この2×2、すなわち4つの要素でエンゲージメントの現在位置と目指す姿、そのための打ち手を考えてみよう。

●〈第Ⅰ象限〉組織に対して：高、仕事に対して：高

この象限の人は、大きな心配はない。組織に対しても仕事に対しても満足できている状態である。この象限にいる人たちであれば、喜んで飲み会やレクリエーションにも参加するであろうし、エンゲージメントのさらなる強化に寄与しうるであろう（ただし、家庭環境やプライベートを優先したい場合はそうとは限らない）。

●〈第Ⅱ象限〉組織に対して：低、仕事に対して：高

所属組織やメンバーには愛着はないが、仕事に対するプロ意識や誇りが強い人。クリエイターやエンジニアなど職人気質の職種に目立つ傾向である。「たまたま受かった会社がそこだったから」のような、積極的にその会社を選んで入社したわけではない人もこの象限に当てはまる。余談だが、入社2年目〜3年目の社員を集めて「なぜ、この会社に入ったのか」理由を言語化させるふりかえり研修をする企業があるが、いったい何の意味があるのだろうか。熱意をもって入社した人であればさておき、そうでない人に「ほかに受からなかったから」「家から近かったから」「ネットサーフィンしていてたまたま見つけたのがここだった」などの本音を言わせることに、あるいは本音を隠して偽りの美談を作文させることに意味はない。

話を元に戻そう。第Ⅱ象限の人は、飲み会やレクリエーションに参加しないからといって、決してエンゲージメントが低いわけではない。飲み会やレクリエーションがエンゲージメントを高める手段としてフィットしにくいだけだ。

プロ意識が高い人であれば、自己成長につながる環境、機会、場を提供するほうが、よほどエンゲージメントも高まる。

- 仕事に集中しやすい環境を提供する（テレワークを許可するなど）
- 専門書を経費で購入することを認める
- 外部のカンファレンスやセミナー研修などの参加を支援する
- 読書会や勉強会を開催する

日々の接し方や、業務分担の仕方も重要だ。

- 仕事を雑務扱いしない
- 予算をつける
- 苦手な仕事をアサインしない
- 何でも屋にしない
- 最新の知識や技術に触れる機会を作る

外のプロフェッショナルとの交流機会の有無も、エンゲージメントを左右する。ITエンジニアやクリエーターなど、他社の人たちとの勉強会やコミュニティを通じたスキルアップに意欲的な人たちもいる。そのような人たちは、外に出る機会、外と触れる機会がないと、エンゲージメントが下がる。

●残業が常態化していて、定時後のオンライン勉強会に参加できない
●休日出勤が多く、コミュニティのイベントに参加できない
●読書する時間すら取れない
●そういった現状がフラストレーションで、業務改善をしたいと思っても、機会すら与えられない

これらは確実に、プロ意識が高い人のエンゲージメントを下げる。その意味でも、業務改善による余白時間の創出はきわめて重要だ。

社員が外に出ることを制限する企業もある。

「他社の人に刺激を受けて、辞めてしまうのではないか」
「自社の悪いところが見えてしまうのではないか」
「自社の悪口を吹聴するのではないか」

そんな理由からだ。むしろ逆効果である。プロ意識の高い社員、成長意欲の高い社員ほど「井の中

の蛙」の状況に危機感とストレスを感じ、モチベーションを下げる。オープンであることは、社員のエンゲージメントにも直結する。「社員に外に見せない」という行為そのものが自社の悪いところであり、吹聴されたくないのなら会社が率先して直すべきである。

「自分がプロとしてリスペクトされている」その感情が芽生えれば、組織やチームメンバーへのエンゲージメントが高まることもある。その結果、組織や他人に対する興味を持ち始め、「この人たちとなら飲んでもいい」と思うようになるかもしれない。第Ⅰ象限にも遷移しうる。

●〈第Ⅲ象限〉組織に対して：高、仕事に対して：低

組織やメンバーに対する愛着は高いが、仕事に対しては愛着がない状態。すぐに辞める危険性は低いものの、仕事のパフォーマンスは低空飛行状態に陥りがちである。また、組織全体がこの状態にあると「仲よしクラブ」になりがちなので、注意が必要である。

第Ⅲ象限の人の状態を第Ⅰ象限に引き上げるためには、任せる仕事を変化させるといい。いままでとは違う仕事を任せてみる、チームや組むメンバーを変える……そのような景色の変化で、今まで自分では気がつかなかった得意領域や好きな仕事に出会え、結果として仕事に対するエンゲージメントが高まる可能性は大いにある。

●〈第Ⅳ象限〉組織に対して：低、仕事に対して：低

この象限の人に対しては、「打ち手ナシ」も覚悟しなければならない。採用時のミスマッチである

可能性も十分考えられる。

組織に対しても仕事に対しても冷淡、あるいは嫌悪感を抱いている状態。飲み会やレクリエーションへの参加強要などもってのほかである。違う仕事を任せてみる、チームや組むメンバーを変えるなどしてみて、それでも変化が見られないようであれば離脱願うのがお互いにとって幸せであろう。

以上、働く人たちのエンゲージメントの状態と打ち手の例を4つの象限で考察してみた。飲みニケーションやレクリエーションがメンバーのエンゲージメント向上の万能薬ではない、むしろ逆効果に働くこともご理解いただけたであろう。エンゲージメントの現在位置を適切に把握し、適切な対処を講じていきたい。

ヘルプシーキング行動

専門性、立場、働き方、所属会社さえも異なるメンバーが、同じビジョンやゴールのもとにコラボレーションして成果を出すためには、課題や悩みを抱え込まず、自己開示しあい、互いを尊重しながら仕事を進めていく行動や能力がますます求められる。それがヘルプシーキング行動とリスペクティング行動だ。この2つは、健全な組織のバリューサイクルを円滑に回すために欠かせない、個人と組織双方に求められる「これからの時代の必須スキル」である。

ヘルプシーキング行動とは、次のことを意味する。

「ヘルプ（Help：助け）を」を「シークする（Seek：探し求める、見つける）」組織や個人の能力のこと。1人で抱え込まず、まわりに助けを求めながら仕事に取り組む力。周囲に援助や支援を求める行動。

テレワークやリモートワークなど、空間や時間を共にしない働き方が一般化するにつれ、お互いの状況が悪気なく見えにくくなる。ともすれば、問題や課題をだれにも相談できず1人で抱え込んでしまい、気がついたらリカバリー不可能な状況に陥る。また、育児や介護などプライベートな事情を抱えながら仕事する人も増えてきている。子どもの体調不良など、突発のトラブルが発生した時、リーダーやチームメンバーにすばやく「ヘルプ」の声をあげ、すばやく事情を説明し、協力しあいながら仕事を進める行動は、これからの時代のビジネスパーソンに必須であり、組織の必須能力といってもいい。

ヘルプシーキング行動の普及および企業研修を手がける小田木朝子氏（株式会社ＮＯＫＩＯＯ役員）は、ヘルプシーキング行動の重要性を次のように語っている。

これからの時代、誰もが子育てや介護、病気など様々な事情を抱えながら、多様なライフステージで働き続けることになります。すると、「子どもが体調不良で急に病院へ行かなければならない」「介護のヘルパーさんが見つからず、仕事ができない」といった事態に直面し、期限までに求められる成果を上げられない場合も出てきてしまいます。このとき重要なのは、一人で困りごとを抱え込まないこと。チームや組織にいち早く状況を共有し、臨機応変にリカバリーできる体制を整えることです。求められる成果が出せないときは早めに状況を共有し、「誰か仕事を助けてほしい」と、周りにサポートを求めて行動すること。これが「ヘルプシーキング行動力」です。

（リクナビNEXTジャーナル「リモートワーク時代到来で注目の新スキル—周りに助けを求める『ヘルプシーキング』の磨き方」より）

https://next.rikunabi.com/journal/20200909_m01/

リスペクティング行動

ヘルプシーキング行動が起こるようにするためには、「ヘルプ」の声をあげる個人のスキルやマインドの育成や醸成ももちろんだが、組織の風土づくりもそれ以上に重要である。メンバーが「ヘルプ」の声をあげやすい環境かどうか？　あなたの半径5メートルを見回して、振り返ってみてほしい。

・上司が怖くて「助けて」と言えない
・弱みを見せると、ほかのチームメンバーにマウンティングされる
・「助けて」と言っても、だれも反応してくれない

このような職場では、ヘルプシーキング行動は起こりにくい。

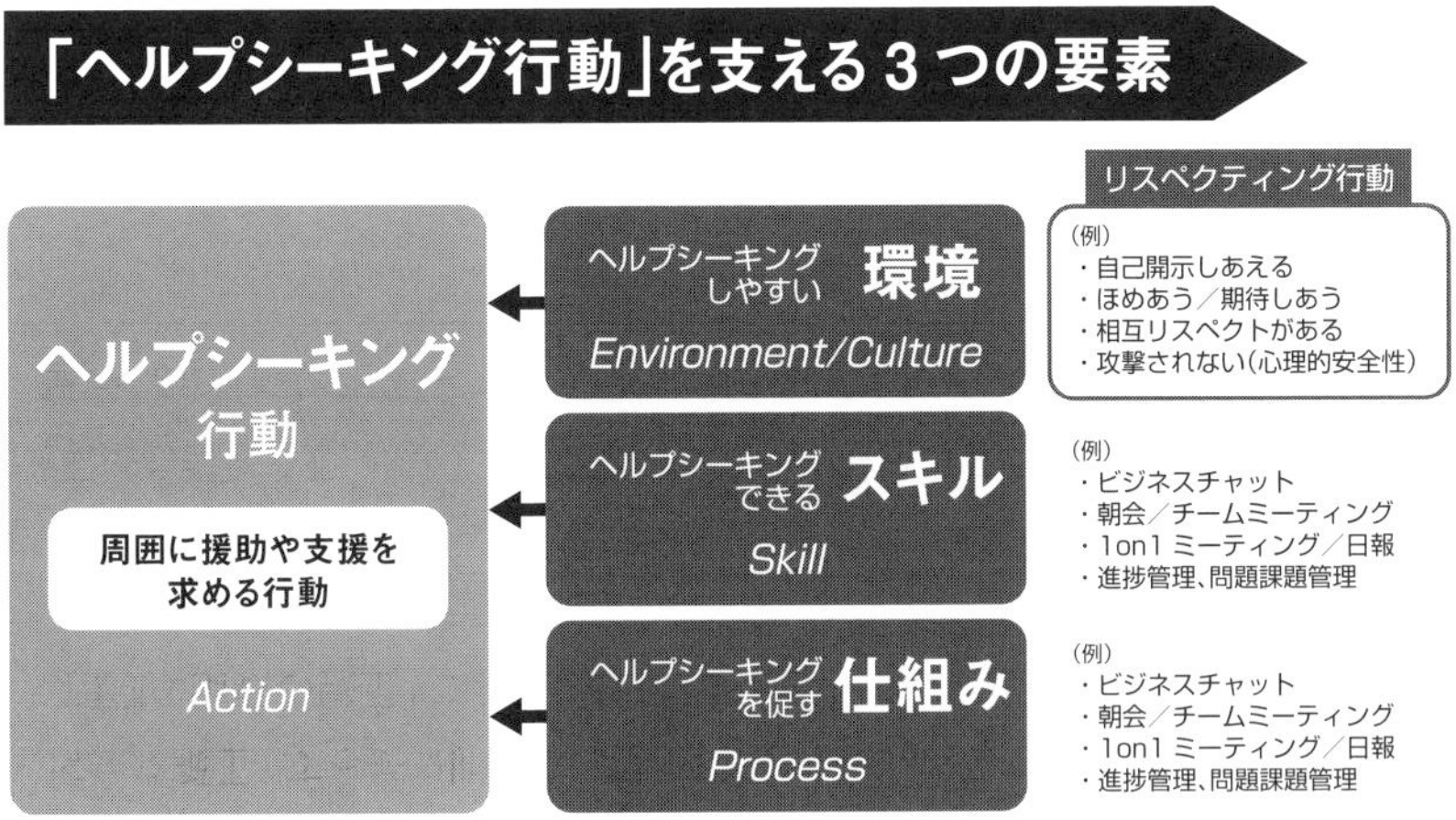

ヘルプシーキング行動とリスペクティング行動の関係

そこで必要なのが、リスペクティング行動だ。リスペクティング行動とは、次のことを意味する。

相手を「リスペクトする（Respect：尊重する、相手を認める）」行動。
メンバーの「強み」「特性」「やりたいこと」「事情」などを認め合い、期待しあう言動やふるまい。およびそれらを促進する環境づくり。

リーダーとメンバー、およびメンバー同士、互いにリスペクト（敬意）がない状態では「ヘルプ」の声はあげにくい。つまり、リスペクティング行動がヘルプシーキング行動を支える基盤になる。ヘルプシーキング行動とリスペクティング行動の関係を図にしてみた。

以下、具体的なリスペクティング行動を挙げる。

❶期待する

チーム、プロジェクト、あるいは個々の仕事において、自分にどのような行動やふるまいが期待されているのか？

どう関わればいいのか？

どのような成果が求められているのか？

それがわからないことには、メンバーはモヤモヤする。悪気なく多くを期待し、あるいは相手を過小評価して、信頼関係を損なうことに。

リーダーは、メンバーに期待役割を伝えよう。あるいは、メンバー同士で期待役割を言語化および共有し、チーム内の相互理解を促進しよう。

❷任せる

仕事を任せる（「丸投げ」とは違うことに注意）。これも相手をリスペクトする行為である。指示型のマイクロマネジメント（事細かに指導したり相手を監視する行為）は、初心者やその仕事を不得意とする人にとっては合理的である反面、そうでない人にとっては尊厳を傷つけることになりかねない。

❸ほめる／ポジティブフィードバックをする

相手の成果や変化をほめる。とはいえ、べたぼめすればいいというものでもない。

「相良さんが作ってくれた資料、社長にとても好評だったよ。ありがとう」
「さっきの商談のあなたの最後の提案、とてもよかったと思う。あのひと言で、先方の態度が変わったよね」

このような行動のふりかえりでもかまわない。ポジティブなフィードバックは、相手のチームへのエンゲージメント（帰属意識や愛着）を高め、ヘルプシーキングする意欲を高める。

❹自己開示する

お互いの得意、不得意、強み、弱み、やりたいこと、これまでのキャリアやバックグラウンド、期待役割、プライベートな事情、などを自己開示しあえている職場は、いざという時の結束力も強い。とはいえ、自己開示の強要はご法度。自分のプライベートな事情など、他人に知られたくない人もいる。度がすぎれば、ハラスメントになる。チームやその仕事における期待役割、仕事の進捗など業務の円滑な遂行に必要な情報は相互で開示しあえる状況にしておきたい。

また、メンバーの自発的な自己開示を促すには、リーダーの自己開示が効果的である。リーダーのふるまいは、良くも悪くもチームの雰囲気を左右する。リーダーが率先して自己開示することにより、「この職場ではプライベートな事情を話してもいいんだ」という空気になり、ヘルプシーキングもしやすくなる。

❺相談する／頼る

リーダーがメンバーに率先して悩みや困りごとを相談する。相談する、イコール、相手を「1人前の大人として、プロとして信頼しています」というメッセージの意味がある。すなわち、それ自体がリスペクティング行動になりうる。

ただし、相手を「なんでも屋」「便利屋」扱いしないこと。それは、かえって相手の尊厳を傷つける。頼りすぎは考えものだが、リーダーが積極的にメンバーに相談するチームは、メンバーも上司やリーダーに相談しやすく、ヘルプシーキング行動が起こりやすい。

❻情報共有する

人は情報を与えられないと疎外感を感じ、「自分はリスペクトされていない」と思ってしまうものである。チームやメンバーへのエンゲージメントも下がる。ビジョン、ミッション、仕事の目的、プロジェクトの進捗、方針変更など、なるべく全員に一斉に、ＩＴツールなども駆使しながら、メンバーに即時かつ公平に共有していきたい。

❼選択肢や権限を与える

自分のべき論を押しつけない。理不尽なルールを押しつけない。相手をプロとして認め、プロとして成果を出せるやり方や環境を認める。たとえば「テレワークで成果を出せる人には、出社を強要しない（テレワークを認める）」なども、プロとして成果を発揮するための環境を相手に委ねる行為であり、立派なリスペクティング行動である。

❽共感や関心を示す

メンバー同士が無関心な職場は、お互いのリスペクトも生まれにくいし、相談もしにくい。メンバーがいま取り組んでいるテーマ、読んでいる本、取り扱っている技術……小さなことからでかまわない。リーダー（あるいはメンバー同士）は、相手に共感や関心を持ち、言葉で示そう。ただし、深入りしすぎるとかえって信頼関係を損なうため、これまたバランスが重要である。

❾言葉を選ぶ

「お前」「業者」など相手を下に見る（あるいはそう捉えられる）言葉を使わない。その代わり、相手を名前で呼ぶ。

このような言葉づかいも、相手に対するリスペクティング行動である。

❿感謝する

感謝は、最も大事なリスペクティング行動である。

「すぐに声をあげてくれてありがとう」

「相談してくれてありがとう」

こう言いあえる職場は、率先してヘルプシーキング行動が起こりやすい。

個人のヘルプシーキングするスキルやマインドをどんなに鍛えても、その職場に「ヘルプ」の声をあげていい心理的安全性が確保されていなければ、ヘルプシーキング行動は起こらない。よって、ヘルプシーキングしやすいカルチャー、「ここには敵がいない」環境を創っていく必要がある。そして、リスペクティング行動の積み重ねがヘルプシーキングしやすい環境を創る。

コミュニケーションの手法を見直してみるのもいい。たとえば、ビジネスチャットやグループウェアなどのITツールを使えば、メンバー各々の都合のいいタイミングで、テキスト（文字）ベースでちょっとした気づきや学びの共有や相談をしやすく、応えやすい。「ヘルプ」の声をあげるハードルを下げる。ヘルプシーキング行動を支えるITツールは第5章でくわしく解説しているので、参照してほしい。

多様な人材が正しく活躍して成果を出すためには、チームのリーダーとメンバー、およびメンバー同士がお互いの期待役割、得意、強み、苦手、事情などを自己開示しあい、相互理解をして協力しあう、すなわちヘルプシーキング行動とリスペクティング行動が欠かせない。いずれも「ダイバーシティ（&インクルージョン）」「本来価値創出」「コラボレーション」などのマネジメントキーワードと密接に関わっているのだ。

採用

エンプロイアビリティ　〜ほかでも通用する力があるか？

エンプロイアビリティ(Employability)とは、個人の雇われうる能力のことで、Employ(雇用する)とAbility（能力）を組み合わせた言葉である。エンプロイアビリティの高い人材は、即戦力であり続けるのはもちろん、異動や転職などの環境変化に対応できる。高い専門性と汎用性、すなわち柔軟性を兼ね備えた人材は強いのである。

終身雇用の時代は終わろうとしている。転職はもはやめずらしいことではない。「パラレルキャリア」と称される、１人の人間が複数の会社で仕事をしたり、副業をしたりと、同じ人が複数の顔をもって仕事をする働き方も定着しつつある。筆者もまた、フリーランスでありながら、複数の企業の顧問や取締役をしている。

人材の流動性は高まる一方である。本人に転職の意志がなくても、転籍や出向など会社都合で外に出させられる場合もある。M＆Aにより、自社がある日突然、制度やカルチャーのまったく異なる会社に吸収合併されることもある。COVID－19による不況（いわゆるコロナ不況）により、これまで盤石と思われていた企業も大規模な人員整理を開始した。変化のリスクは常につきまとう。その時、あなたは生き残ることができるか？　「要らない子」になってしまわないか？　あるいは、好条件で他社に転職できるか？

定年の概念も変わりつつある。人生100年時代。60歳で定年退職してリタイア、潤沢な退職金と年金で家族ともども幸せな老後を迎えられる時代は、もはや過去のものだ。国民の多くが、60歳を超えても働き続けなければならないだろう。再雇用される人材になるためには？　好条件で転職できる人材になるためには？　安く買い叩かれない人材になるには？　我々1人1人の死活問題である。

「上司の言うことが絶対」「会社の言うことに従順に従ってさえいれば安泰」という考え方は、そろそろ捨てなければならない。それは、個人にとって成長のリスク、生き残るためのリスクなのだ。その会社でしか通用しない仕事のやり方で塩漬けにされた人材は、人生のリスクを負うことになる。

古い常識や社内ルールに固執する。
アナログな仕事しかできず、ITを使いこなすことができない。
外の人たちとコラボレーションできない。

そんな人材を、だれが好条件で採用しようと思うだろうか？　ガラパゴス化した仕事のやり方、旧態依然のアナログな仕事のやり方は、そこで働く人たちや関わる人たち（取引先など）の「ほかでも通用する力」すなわちエンプロイアビリティを下げ、エンゲージメントを下げ、優秀な人材ややる気のある人材を遠ざけるのである。

経営者や役職者のみなさんに、声を大にして言いたい。時代遅れな仕事のやり方を温存することは、時代遅れの仕事のやり方しかできない残念な人材、つまりエンプロイアビリティの低い不幸な人材を量産することと同義である。社員の幸せを思えばこそ、古い仕事のやり方を改めてほしい。

エンプロイアビリティの高い人材を輩出する企業は、求心力も高い。「元マッキンゼー」「元P&G」「元アクセンチュア」「元リクルート」など、OB／OGが活躍する企業は、優秀な人材を獲得し続けている。つまり、採用にも好影響をもたらす。こうした企業は、高い成果を社員に求めつつも、人材育成やプロとして活躍できる環境整備に投資している。また、OB／OGが「元マッキンゼー」「元P&G」「元アクセンチュア」「元リクルート」であることをオープンにできる。優秀な人材がほかの場で活躍することで、組織のブランド価値が高まり、「この会社でチャレンジしたい」という優秀かつ意欲的な人材が集まる。このような好サイクルが回っているのだ。

一方、退職者を〝裏切り者〟扱いする、古い考え方の企業もいまだにある。それは自らのブランド価値を貶め、優秀な人材を遠ざける行為である。自動車製造業など、2次請けや3次請けのエンジニアは、常駐先はおろか、何をしていたかすら口封じされるケースもある。ほかのオープンな業界や企業に勤めるエンジニアは、「どこで何をしているか」を堂々と公表し、その取り組みや成果を社外の勉強会やフォーラムで発表、そこから新たな知識や仕事のチャンスを獲得している一方、自分たちは社名や客先名を公表することすら許されない。退職時にも口外しないよう誓約書にサインさせられる。「妖怪カオナシ」にされていく様は、これからの時代なかなか切ない。「妖怪カオナシ」は、エンプロイアビリティを奪われる。こうした考え方も、どこかで変えていく必要があるのではないか。あるいは、どうしても口外が許されない秘匿性の高い仕事に従事させる場合は、それ相応の報酬や身分保障をするべきであろう。その人の、今後のキャリアの選択肢と可能性を大きく奪うのだから。

業務改善、ブランディング、ファン創出、成長実感、エンゲージメント、エンプロイアビリティ、採用。これらのマネジメントキーワードはすべて同一線上にあり、相互に作用し合っているのだ。決して、スタンドアロン（単独）で存在するテーマではないし、それ単独で解決しようとしてもうまくいかない。

ダイバーシティ　～多様な人材が能力を発揮できるようにする

本来価値創出─業務改善─育成・学習……この「コアサイクル」をいい状態で回し続けるためには、多様な視点、多様な能力、多様な人材が能力を発揮できる働き方への許容が欠かせない。多様性、すなわちダイバーシティは、健全な組織のバリューサイクルを回すエンジンなのだ。

ダイバーシティは、性別、人種、国籍、宗教、年齢、学歴、職歴、ＬＧＢＴなどの多様性を示すことが多いが、それだけにとどまらない。

- スキルや専門性の多様性
- 雇用形態の多様性（正社員、契約社員、派遣社員、外部ビジネスパートナー、フリーランスなど）

●働き方の多様性（オフィスワーク、テレワーク、ワーケーション、週3日勤務、パラレルキャリアなど）
●居住地の多様性（出社勤務、フルリモートワーク、ハイブリッド型ワーク）
●ライフステージの多様性（育児、介護、資格取得、社会人大学への通学など）
●仕事に対する向き合い方や熱量の多様性（仲間重視、専門性重視、キャリア重視、家庭優先など）

社会課題やテクノロジーが複雑になり、より高い専門性と俊敏性が求められる時代、同質性の高いメンバーだけで答えを出せるとは限らない。同じビジョン、ミッション、ゴールのもとに所属会社や働き方の異なるメンバーがチームを結成して仕事を進める、プロジェクト型の業務形態が増える世の中、空間と時間を常に共にする働き方の強要は足かせになりかねない。テレワークのようなオープンな働き方や、ビジネスチャットなどオープンなコミュニケーションの仕組みを駆使する必要がある。統制型（ピラミッド型）組織の考え方オンリーで、専門性も職種も異なるメンバーを、製造現場の労働者のような固定的なワークスタイルで押しつけるやり方は、ダイバーシティを活かす考え方に反する。ビジョンありき、ミッションありき、ゴールありきで、個々のメンバーあるいはチームとして「勝ちパターン」を発揮できる最適な働き方を体現したい。

「コアサイクル」の3要素とダイバーシティ

ダイバーシティは、「コアサイクル」を構成する3つの視点でも重要だ。

●本来価値創出の視点

その組織の本来価値を創出するために必要な知識や能力を、既存のメンバーが有しているとは限らない。中途採用する、外部の有識者に参画願うなど、必要に応じて外の人の力を借りる。

●業務改善の視点

業務改善や組織変革に、多様な視点は欠かせない。中の人たちだけでは現状の業務の無理や無駄、組織カルチャーのおかしなところに悪気なく気づくことができない。同じメンバーで10年同じ仕事をしていたら、自分たちの仕事のやり方を疑わない。あるいは「おかしい」「無駄だ」と思っていても、上司や先輩社員の気を遣って黙っている。その発言は前任者

まずはここから！半径５メートル以内＝部課長以下のリアリティの世界（部単位・課単位・チーム単位）で取り組んでほしい３つの活動

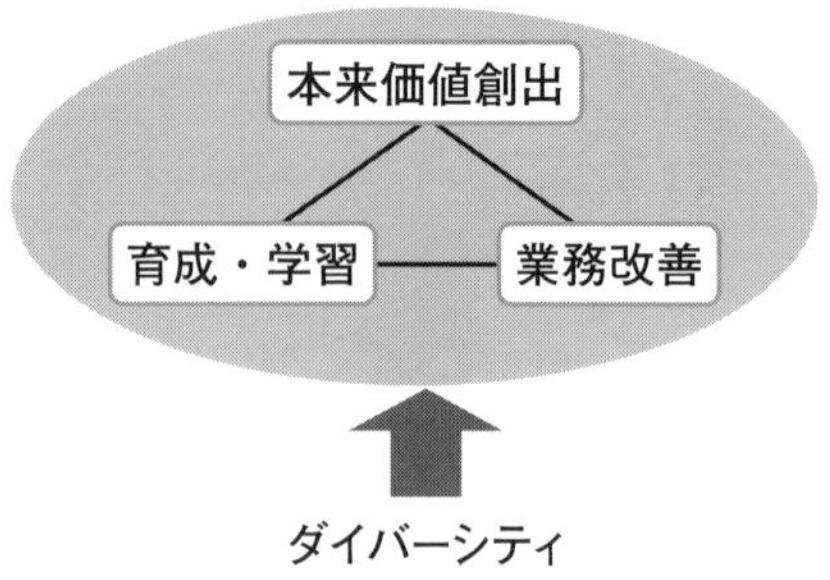

バリューサイクルにおける「コアサイクル」

のやり方を否定することになるからだ。転職者、外部の有識者などの多様な視点を入れることで、より効率的な仕事の進め方、本来価値創出を邪魔する慣習などを指摘できる。

多様な視点を生かすためには、多様な意見を潰さない、その会社のローカルルールや常識を押しつけないマネジメントも極めて重要である。同調圧力の押しつけやマウンティング（相手よりも立場が上であること、優位であることを示そうとする行為）は、せっかくの多様な視点や能力を潰すことになる。それが繰り返されると、外から来た人材はエンゲージメントを下げ、物言わぬ大人しい人になるか、辞める。

●育成・学習の視点

自分たちにない経験、知識、能力を有する人を組織に取り入れることは、組織全体の育成・学習にもつながる。もちろん、彼ら／彼女たちに頼りっぱなしではだめで、既存メンバーも含めて継続してスキルアップできるよう育成・学習の機会を提供したり、外と触れる機会を確保し続けることが重要である。狭い檻の中に閉じ込めてはいけない。

「制約条件のある」かつ「成長意欲の高い」人に合わせる

筆者は、「制約条件のある」かつ「成長意欲の高い」人に合わせるのが、組織を健全に成長させると確信している。たとえば、育児休暇明けでフルタイムでは働くことができないものの、仕事に対する熱意がある人。このような人は、限られた時間で高いパフォーマンスを発揮しうる。時間制約がある分、ダラダラと仕事するわけにはいかないからだ。無駄な会議には参加しない、会議の発言も明確、報連相も的確、ＩＴを使いこなし、かつ子どもの突発の体調不良や保育園からのお迎えコールなどに備えて仕事の引き継ぎがしやすいよう普段から仕事の進捗や状態を整理して見える化している。

このように、「制約条件のある」かつ「成長意欲の高い」人は、組織への貢献度が高い。ただし、本人たちの自助努力と気合だけに依存していては駄目だ。

- 時短勤務、時間休暇などを使えるようにする
- フレックスタイム制度を導入する
- テレワークを活用する
- 早朝、午後の遅い時間、時間外などに会議を設定しない
- 会議は原則オンライン、録画してその場にいなくても（後からでも）参照できるようにする
- ビジネスチャットを活用する（子どもをお迎えに行く時間など、隙間時間で仕事のコミュニケーションをとりやすい）
- 全員が同じスケジュール管理ツールを使う（そこを見ればお互いの空き時間がわかり、スケジュール調整に右往左往しなくて済む）
- 進捗管理ツールを活用する（そこを見れば、いちいち進捗報告をしなくても／求めなくても進捗がわかる）

●モバイルデバイスを貸与する
●研修を実施し、メンバー全員の仕事のスキル、コミュニケーションスキル、管理職のマネジメントスキルを高める

「制約条件のある」かつ「成長意欲の高い」人がなるべく不自由なく、限られた時間と空間で仕事にフルコミットできるよう、かつ本人が負担を抱えすぎないよう、組織は環境を整える必要がある。その取り組みは、本人のみならず、組織全体の働き方とカルチャーを健全化させる。

なお「制約条件はあるが、成長意欲の低い」人に迎合するのはよろしくない。そのような人は、権利だけを主張して義務を果たさないクレーマーになることも。

その組織のビジョンやミッションには共感する。しかし、メンバー各々の専門性や価値観や最適な働き方（勝ちパターン）は異なる。「違ってよし」とする——その環境こそが、参画するメンバーの心理的安全性を高め、組織へのエンゲージメントを高め、高いパフォーマンスを発揮できる状態にするのだ。

多様な人材を集めるだけ集めて、固定的な考え方や働き方を押しつけ、活躍できない状態に追い込む。それは、多様な人材に失礼である。筆者はその状態を「ダイバーシティごっこ」と呼んでいる。あなたの組織は、ダイバーシティごっこに陥っていないか？

ＡＢＷ　～働くのに最適な場所や環境を選ぶ

ＡＢＷとは、Activity Based Working（アクティビティ・ベースド・ワーキング）の略で、仕事の特性や内容に合わせて働くのに最適な場所や環境を選ぶ働き方のことである。オランダの企業発の考え方で、日本の企業にも浸透しつつある。以下、ＡＢＷの例を示す。

- 作業に集中できるよう、オフィスの一角にパーティションで区切った集中ブースを設ける
- テレワークしている人とＷｅｂ会議しやすいよう、防音対策を施した個室スペースを設ける
- アイディアが浮かびやすいよう、オープンなカフェスペースや図書コーナーを設ける
- リフレッシュできるよう、お菓子コーナーを設け、ソファを設置する
- 雑談が生まれやすいよう、ゲームコーナーを設ける
- 勉強会や発表会をおこないやすい空間を設ける
- 事業所外での業務合宿やワーケーションを推奨する

設備投資やレイアウト変更ももちろん、ＩＴ環境（ネットワーク環境、モバイル環境）の改善や投資、場合によっては人事制度の変更も必要になる。ＡＢＷは総務部門単独の取り組みではなく、情報システム部門、人事部門とのオープンなコラボレーションにより実現できる。

提供:株式会社オカムラ

上：上下昇降デスク「Swift（スイフト）」
下：フルクローズ型のワークブース「TELECUBE（テレキューブ）」

$$\text{生産性} = \frac{\text{アウトプット}}{\text{インプット}}$$

生産性の方程式

勝ちパターン　～生産性を最大化できる状況をつくる

生産性が高い状態とは、1人1人がその仕事の特性や内容に応じて「勝ちパターン」を認識して実践できている状態である。個人単位での勝ちパターンの実践が現実的でないならば、チーム単位、部門単位、あるいは職種単位での勝ちパターンを志向してほしい。

製造現場の勝ちパターンが、営業職の勝ちパターンとは限らない。事務職にとって最適な職場環境が、ITエンジニア職に最適とは限らない。職種ごとに求められる専門性やバックグラウンドが異なるのだから当然である。あるいは、その組織を構成するメンバーの特性、世代、ライフステージ、価値観などによっても最適な働き方は異なる。組織は生き物なのだ。

一般的に、生産性＝アウトプット÷インプットの式で説明される。いかに最小限のインプット（労力、コストなど）でより多くのアウトプットを生み出すか、あるいはたくさんのインプットをつぎ込んで最大限のアウトプットを生むかに意識が向きがちだ。

ここでは、別の角度で生産性の高い／低いを捉えてみたい。

●集中できる OR 集中できない
●ミスや手戻りが少ない OR ミスだらけ、手戻りだらけ
●1人で悩む OR 気軽に相談できる
●モチベーションが上がる OR モチベーションが上がらない

このような環境要因も、我々の生産性を大いに左右する。

余白を減らせば生産性が上がるわけではない

「生産性＝アウトプット÷インプット」の図式にとらわれると、インプットを「減らす」ことばかりが正当化される。とりわけ、最近では働き方改革のもと、時間削減やコスト削減が厳しく叫ばれる。その結果、たとえば以下のような時間や空間、投資がどんどん削減され、職場環境がギスギスする。

●リフレッシュするための空間や時間
●自分の作業に集中しやすい、個室や広めの執務空間
●上司や同僚に相談しやすい環境
●リラックスして仕事できる仕組みや仕掛け

これらはいわば、「余白」である。生産性の高い人は、余白もうまく活用してセルフマネジメントしながら、良質なアウトプットを出す。いわば、仕事の勝ちパターンを認識して実践しているのだ。

逆の見方をすれば、我々はいままでの慣習や仕事のやり方にとらわれて、悪気なく「負けパターン」に陥っている可能性が高い。生産性も上がらない。

余白を作る。

余白を活用して、今と未来により大きなアウトプットを得る。

プロがプロとして本来価値を最大限出せるようフルコミット（集中）できるようにする。

削減一辺倒の考え方では、なかなか生まれにくい発想である。しかし、それは生産性を高めるうえできわめて大事なマネジメントなのだ。

勝ちパターンは人によって異なる

勝ちパターンは、人によって異なる。たとえば、企画や構想の仕事をしている人がいるとする。

- 自席に座っていたほうがいいアイディアが思いつく
- カフェなどオープンな環境で周囲が適度にざわついているほうがアイディアが思いつく

- だれかと話しているほうが、アイディアが形になる
- 朝早い時間が最も頭が回って、アイディアが出る

人によって、勝てる環境は異なる。

また、同じ人でも、仕事の種類によって勝てる環境は異なる。

- 考える仕事は、断然朝が捗る
- 事務作業は、夕方のほうが捗る（朝はどうもやる気が起きず、ミスも多い）

このように、勝ちパターンは仕事の種類によっても違うのだ。それにもかかわらず、企画や構想が捗る朝の時間を、なんとなく事務作業に費やしてしまったら？　せっかくのゴールデンタイム、すなわち勝てる時間を無駄にする。

以下は、自分の仕事の勝ちパターンを把握するための図である。個人で、あるいはチームで埋めてみてほしい。チームで共有すれば、お互いの勝ちパターン／負けパターン

仕事の種類	捗る時間帯	捗る環境
考える仕事		
資料作成		
事務作業		
ミーティング		

「勝ちパターン」把握マトリクス

を知るきっかけにもなり、そこから相互理解や相互リスペクトが生まれるかもしれない。

その仕事はオペレーティブか、クリエイティブか？

もう1つ、勝ちパターンを見出すための別の観点を提示しよう。仕事は大きく、オペレーティブな仕事とクリエイティブな仕事の2つに分けることができる。

●オペレーティブな仕事

いわゆるルーチンワーク。決められた手順や、上司や前工程からの指示に従ってこなす仕事。

●クリエイティブな仕事

新商品やサービスの開発、デザインなど、発想や創造力を必要とする仕事。新たなビジネスモデルの創出など、いままでにない新しいものを生む仕事。

どちらが良い／悪いというわけではない。あくまで仕事の特性の違いであり、いずれも価値がある。しかし、特性が違うにもかかわらず、これまでの統制型（ピラミッド型）のカルチャーでは、オペレーティブな仕事に最適化された仕事のやり方や環境を是としてきた。それではクリエイティブな仕事の生産性は上がらない。

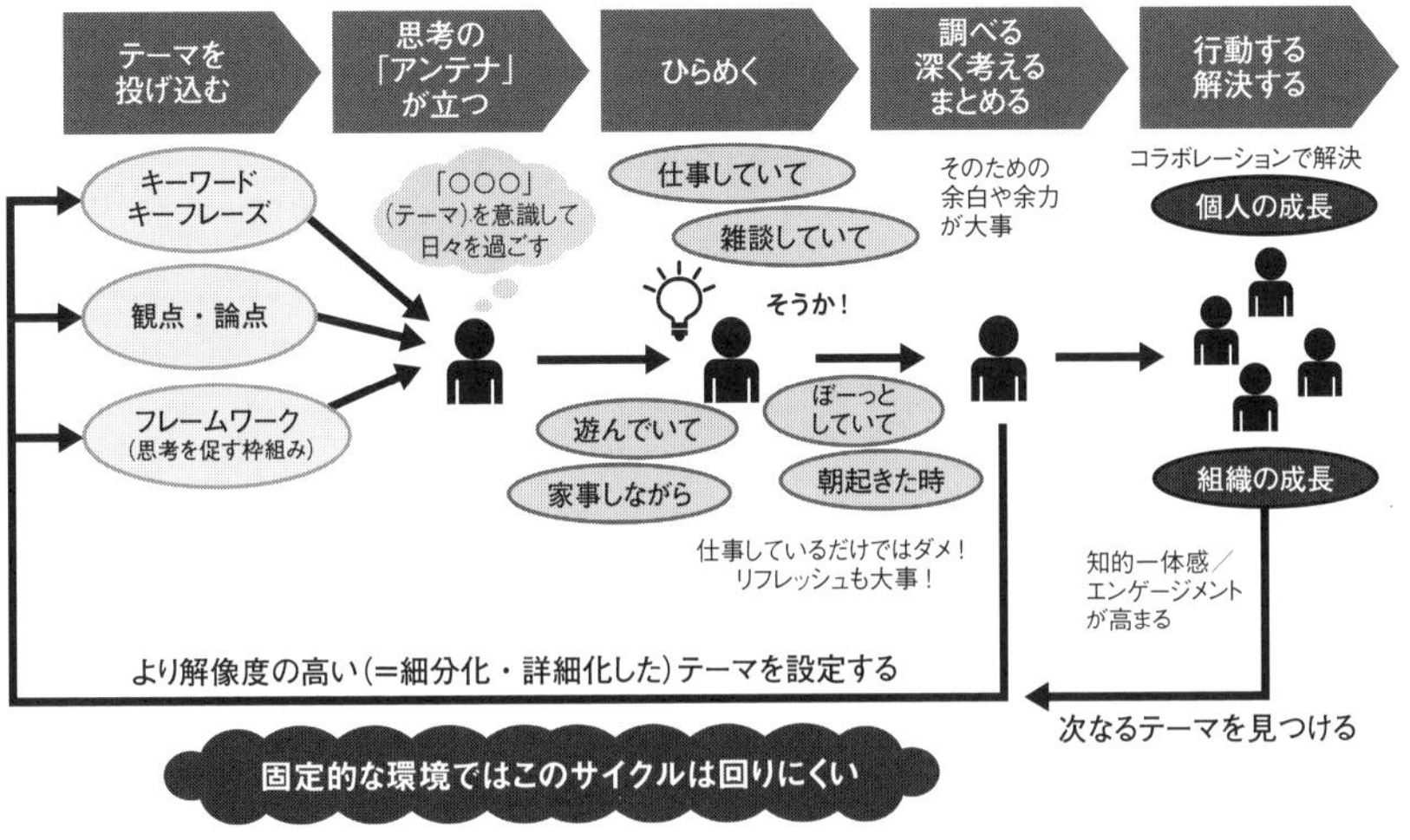

クリエイティブな仕事の勝ちパターン

クリエイティブな仕事の勝ちパターンを図にした。その仕事はオペレーティブか、クリエイティブか？　自組織に照らし合わせて考えてみよう。

これまでの日本の組織の大きな反省点は、職種や専門性や組織の特性に関わらず、一律で統制型（ピラミッド型）の働き方を押しつけてきたところにある。みんなで仲よく負けパターンに陥っている可能性が高い。それは、日本の企業の生産性の低さにも表れているといえよう。テレワークやABWなどを取り入れ、新しい働き方を率先して試してみてほしいのだ。各々の組織や職種の勝ちパターンを体験し、言語化していってもらいたい。

統制型（ピラミッド型）一辺倒の固定化された働き方や職場環境は、一見みんなに公平であるようでいて、みんなを仲よく生産性やモチベーションの低い状態に縛りつけていると見ることもできる。業種単位、会社単位で同じ働き方や環境に縛りつけるのではなく、職種単位、専門性単位、ミッション単位、仕事の種類単位で最適な働き方、すなわち勝ちパターンを実践していきたい。同じ社内での不公平感が問題になるなら、処遇（手当など）や条件で差をつけて解消すればいい。

ユーザーエクスペリエンス　～新しいことに触れる機会を作る

各々の組織や個々のメンバーが勝ちパターンを発見するためには、新しい働き方や最新のテクノロジーを体験してみる必要がある。無自覚にいままでの働き方を続けていては、勝ちパターンで仕事をすることなどいつまでたってもできない。とりわけ、ＩＴの利用体験、すなわちユーザーエクスペリエンスは多いに越したことはない。

ある地方都市の食品製造業における生産管理の現場の話をしよう。この現場は、平均年齢51歳、最高齢73歳と高齢化が進んでいた。紙の伝票やチェックリストが多く、記入漏れによる手戻りやコミュニケーションミスによる後工程とのトラブルが散見されていた。そこで、ペーパーレス化を促進。タブレットを使ったクラウドサービスを導入することにした。

当初、現場の作業員はみな難色を示した。

「自分たちにＩＴを使いこなせるわけがない」
「小さなタブレットの画面の文字が読めない、紙でないと困る」

試験的に導入してみたところ、彼ら／彼女たちの心配は杞憂に終わる。

「ふだん家族や孫とやりとりしているＬＩＮＥと使い方が変わらないし、難しくない」
「わざわざ記入しなくても、選択するだけで操作が完了する。これはラクだ」
「画面に指をあてて広げるだけで、文字が大きくなる。見やすくてありがたい」

大絶賛。これにより、この現場ではＩＴ導入が一気に進んだ。工程のデジタル化により、前工程と後工程の状況もシームレスにわかるようになったため、作業員は前後の進捗を把握して前もって作業の準備をしたり、トラブル時には前後の工程をヘルプしたりと、主体的に行動するようになったという。最近のＩＴはひと昔前より格段に使いやすくなっている。ＩＴに抵抗感を示す人たちには、論より証拠、とにかく使ってもらう、すなわちユーザーエクスペリエンスを創ってしまうに限る。

日本の職場は、デジタルエクスペリエンスが圧倒的に足りていない。官公庁然り、行政然り、民間企業然りである。教育機関のＩＴ化の遅れも甚だしい。いまだにＩＴイコールＷｏｒｄとＥｘｃｅｌとメールの現場、電話とＦＡＸが主流の現場も少なくない。投資余力があるはずの大企業や中堅企業においても、デジタルエクスペリエンスの不足が目立つ。

- セキュリティを理由に、Ｗｅｂ会議ツールを利用させない
- ネットワークに負荷をかけるという理由で、オンラインミーティングの顔出し参加を禁止する

●オンラインファイル共有サービスやクラウドストレージの利用もＮＧ

挙げればきりがない。このような制約により、社員は最新のＩＴツールやクラウドサービスを利用する機会を奪われる。若手や中堅社員であっても、驚くほどＩＴツールを使いこなせない。日頃使う機会がないのだから当然だ。この傾向は、特にガバナンスやセキュリティが厳しい大企業や中堅企業において顕著である。海外の先進企業やベンチャー企業とのＩＴリテラシーやスキルの格差は開く一方である。それは、コラボレーションするスピード、すなわちビジネススピードと生産性の差に直結する。とりわけ官公庁、行政、大企業は、関係人口も多いだけに、デジタル化の遅れによる負のインパクトも大きい。

セキュリティやガバナンスに対して敏感になる気持ちもわかる。しかし、最新のＩＴツールのユーザーエクスペリエンスの欠如が、国全体の生産性の低下、ビジネススピードの低下、ひいては国力低下につながる由々しき事態であることを全国民が認識すべきである。きわめて危機的な状況である。

以上、健全な組織のバリューサイクルと、その宇宙に存在する個々のマネジメントキーワードを立体的に関連づけながら説明した。いずれのマネジメントキーワードも、人事部門、総務部門、情報システム部門など単独部門のテーマではなく各部門とコラボレーションして解決すべきテーマであること、経営者、部門長、部課長、現場のリーダー、メンバーなどが各々の立場で向き合うべきテーマであることをご理解いただけたであろう。もちろん、官公庁、行政など組織の枠を超えてコラボレーションしなければ根本解決しない大きなテーマも存在する。だれか1人に丸投げして解決できる問題ではないのだ。

ぜひとも、バリューサイクルの図を見て、経営者と部門長、部門長同士、部課長同士、あるいはチーム内で、自分たちの目指す姿や問題・課題の景色合わせをしてほしい。そして、解決に向けて各々がどのような役割を果たすべきか、前向きに議論してほしい。それこそが、コラボレーションからのイノベーションをあなたの職場で実現するための第一歩である。

第3章

組織と人が正しくアップデートする

組織の3つのレイヤー：事業部門、バックオフィス、組織カルチャー

前章までで、健全な組織のバリューサイクルは、経営者単独、特定の部門単独、いわんやそこで働く個人の気合・根性に依存して回るものではないことはおわかりいただけたであろう。登場人物それぞれが、それぞれの立場で正しく成長し、正しく新たな価値を発揮し続けなければならないのである。組織を3つのレイヤー（層）で捉えてみよう。

- 事業部門
- バックオフィス（管理部門、全社共通業務）
- 組織カルチャー

事業部門　～ビジネスの最前線で正しく機能する

一般的に、その組織の事業を遂行するのは各事業部門である。研究部門、開発部門、マーケティン

グ部門など独自の機能や専門性をもった組織も、ここでは事業部門と捉えることにする。これらの事業部門がビジネスの最前線で正しく機能することで、日々のビジネスモデルを回して利益を生み出したり、新たなビジネスモデルを体現する。

各々の部門が、狭い視野で自分たちだけの正義を主張し、独り歩きしていては、組織全体として必ず歪みが生じる。バリューサイクルの宇宙の中で、各個人、各部門など登場人物の現在位置を把握し、全体がうまく回るよう各々の期待役割や足りない行動、スキル、マインドセットなどを再定義し、アップデートする必要がある。

バックオフィス　～事業部門のオープンな行動を促進する

これからの時代、いかなる組織も、オープン型（コラボレーション型）のコミュニケーションの取り方や仕事のやり方にシフトしていく必要がある(その必要性と合理性は、第5章でくわしく述べる)。事業部門がオープン型にシフトできるかどうか？　それは、その組織のバックオフィス、すなわち管理部門や管理部門が規定する全社共通業務、あるいは職場環境のあり方などに大きく左右される。

- 決裁規定が複雑で、意思決定に時間がかかる
- 事務手続きが紙ベース、ハンコベース、郵送ベースで取引先とスピーディに取引を開始できない
- 経費申請が煩雑で、社員が自由に外出や出張ができない

- セキュリティが厳しすぎてオンラインミーティングもオンラインストレージも利用禁止、外とのコラボレーションの制約が大きい
- 外とのコミュニケーション手段が電話とＦＡＸとメールしかない
- テレワークが一切認められず、あらゆる事業活動を出社しておこなわなければならない
- オフィスには固定席と会議室しかなく、自由な意見交換や雑談ができない
- 昼休みは45分固定。社外の人と外でランチする時間もなければ、十分にリフレッシュする時間もとれない

このような固定的かつ旧態依然な管理業務、間接業務およびＩＴ環境や職場環境が、事業部門のオープンな思考、行動、そして組織内外のコラボレーションの足かせになる。これらの組織共通業務や環境は、総務部門、経理部門、人事部門、購買部門、情報システム部門、監査部門などいわゆるバックオフィスが規定して運用する。事業部門のオープンな行動を促進するには、組織カルチャーをオープンにしただけでは不十分で、バックオフィスおよび全社共通の管理業務や環境もオープン型に進化する必要がある。

組織カルチャー　～何が正しくて、何が正しくないかを規定する

では、私たちはどのように進化していく必要があるのか？　その方向性を考え、判断する拠り所と

なるのが、組織カルチャーである。ある組織においては推奨される行動が、ほかの組織でも推奨されるとは限らない。前職では評価されたふるまいが、転職した先では評価されない、それどころか煙たがられて切ない思いをした経験を持つ人もいるであろう。この悲しきズレの背景には、組織カルチャーの違いがある。

組織カルチャーは、「この組織において何がよしとされて、何がそうでないのか」を考える判断基準である。それは意思決定はもちろん、たとえば対面による対話を重んじるのか、オンラインですばやくやりとりすることをよしとするのか、上司を介したトップダウン型の情報共有を原則とするのかなど、日々のコミュニケーションの仕方や働き方をも左右する。お堅い組織カルチャーでは、バックオフィスも事業部門もあたりまえのように統制型（ピラミッド型）のやり方（第5章を参照）を正当化する。オープンな行動や言動は受け入れられにくい。

コラボレーションによる問題解決や課題解決、価値創造が求められる時代、統制型(ピラミッド型)に傾倒しすぎた組織カルチャーは、その組織の人たちのオープンな発想、行動を抑制する。コラボレーションできない組織と個人を量産し、組織の健全な発展を妨げる。

誤解しないでほしい。筆者は、従来の組織カルチャーを全否定しているわけではない。よき理念や伝統は残しつつ、時代にそぐわない組織カルチャーは改めていく。アップデートをしてほしいのだ。そうでないと、未来を創る新しい人たちに支持されない。すなわちファンを獲得・維持することができない。環境の変化にも適応できない。

組織カルチャーのアップデートの必要性を語る時、筆者は抹茶と抹茶ソフトクリームの話をする。

抹茶は、抹茶ソフトクリームなる進化を遂げることで、その本質を変えることなく、多くの人々に受け入れられ続けてきた。苦みに嫌悪感を示す子どもが、抹茶ソフトクリームではじめて抹茶を体験し、やがて抹茶そのものに興味を示すようになる。筆者のスウェーデンの友人は、日本を観光した時に味わった抹茶ソフトクリームがきっかけで抹茶に興味を持ったという。今では、自宅に茶室を構えるほどの抹茶ファンだ。オープンな進化により、子どもや外国人など多くの人にユーザーエクスペリエンスの機会を増やして、ファンを増やす——そうして抹茶の伝統と文化が広く受け入れられ、次世代に受け継がれているのである。

「純粋無垢な抹茶以外は、抹茶と認めない」

このような「原理主義」に陥っていたら、抹茶文化は廃れていたかもしれない。
抹茶ソフトクリームが、スイーツとのかけ合わせで生まれているところも興味深い。異なるジャンルの物事とのかけ合わせ、すなわちコラボレーションが功を奏している事例ともいえよう。オープン&コラボレーションのカルチャーは、古きよき伝統の維持にも貢献するのだ。

事業部門、バックオフィス、組織カルチャー。この3つのレイヤーがそれぞれ、同じビジョンに向かって正しくアップデートし続けなければ、組織は停滞する。健全な組織のバリューサイクルはうまく機能しない。

事業部門はアプリケーション、バックオフィスはミドルウェア、組織カルチャーはOS

ITシステムで例えるなら、事業部門、バックオフィス、組織カルチャーの3つは、アプリケーション、ミドルウェア、OS（オペレーティングシステム）と捉えることができよう。

アプリケーションは、顧客や利用者にビジネス上の直接価値をもたらす。ビジネスの最前線で機能を果たし、ユーザーなど外部ステークホルダーに価値を提供する事業部門は、まさにアプリケーションだ。

ミドルウェアとは、アプリケーションとOS（オペレーティングシステム）の間に存在する仕組みで、アプリケーションの挙動を規定する。サーバー、アプリケーションやサーバーが正しく挙動しているかどうかを管理するシステム監視ツール、セキュリティを守る仕組みなどが挙げられる。いずれも、その上で動作するアプリケーションのふるまいを左右するものだ。バックオフィスは、組織のミドルウェアの役割を果たしているといえよう。

アプリケーションもミドルウェアも、Windows、MacOS、Linux、iOSなどOS（オペレーティングシステム）の上で動作する。どんなに高機能なアプリケーションやミドルウェアでも、OSが異なれば動作しない。Windows向けに作られたソフトウェアは、Macの端末では動作しないことがあると説明すればわかりやすいであろう。組織カルチャーは、事業部門やバックオフィスが、同じビジョンやゴールに向かって思考し、行動するためのOS（オペレーティングシス

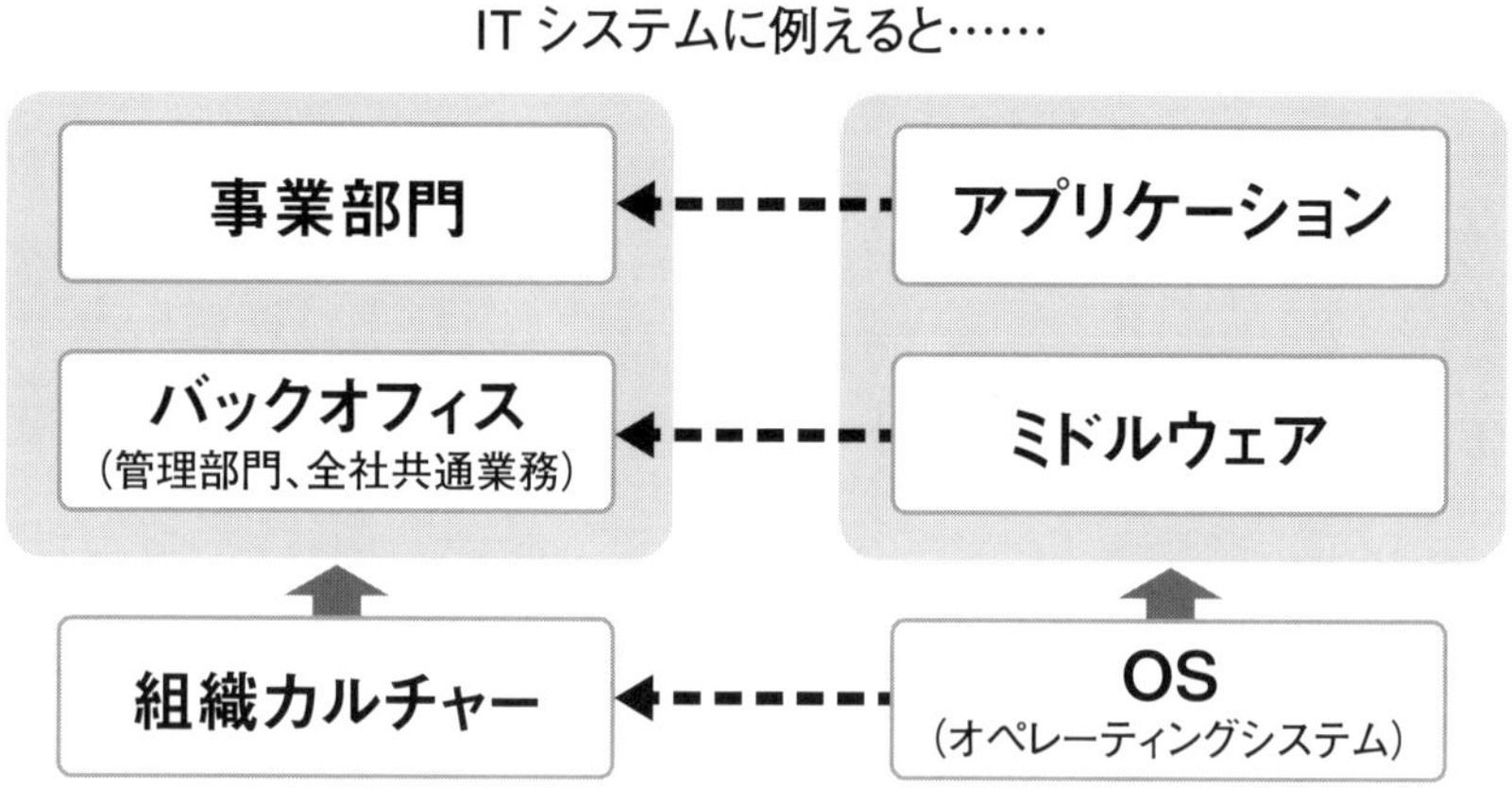

組織の3つのレイヤー

テム）と考えることができる。

ＩＴシステムは、これら３つのいずれもアップデートしないとうまく機能しない。ＯＳ（オペレーティングシステム）やミドルウェアのバージョンが古くては、最新版のアプリケーションが動作しない。読者諸氏も、そんな事象に遭遇したことがあるのではなかろうか。企業組織も然り。アプリケーション、ミドルウェア、ＯＳ（オペレーティングシステム）、すなわち事業部門、バックオフィス、組織カルチャーの３つが正しくアップデートされないと、新たな事業価値を発揮できなくなるのだ。

3つの登場人物：トップ、中間管理職／現場リーダー、メンバー

組織を事業部門、バックオフィス、組織カルチャーの3つのレイヤーで俯瞰してみたところで、次はそこで働く個人個人にフォーカスしてみたい。部門や組織全体の変革も大事だが、そこで働く人も変わる必要がある。

どんなに立派なビジョンや理念を掲げても、人が変わらなければ組織は変わらない。なぜなら、ビジョンや理念を体現するのは人だからだ。社長が「ビジネスモデル変革だ！」「DXだ！」「女性活躍推進だ！」と声高に叫んでいるだけでは、ビジネスモデル変革もDXも女性活躍も進まない。経営者、管理職、リーダー、社員、派遣社員、グループ会社社員、ビジネスパートナーの人たち……その組織に関わるステークホルダー、つまり登場人物の意識や行動が変わらなければ、ビジョンや理念を体現することはできない。健全な組織のバリューサイクルを回し、ビジョンや理念を体現しつつビジネスモデル変革を実現できる組織に進化するためには、各部門や組織カルチャーのアップデートはもちろん、各々の立場の人々がそれぞれアップデートする必要があるのだ。「自分だけは変わらなくていい」ということはない。

そのためには、大きく分けて次の3つの登場人物の期待役割を再定義し、行動や価値観をアップデートしていく、あるいは期待役割に応じることのできる人材を新たに起用する必要がある。

- トップ
- 中間管理職／現場リーダー
- メンバー

次の図を見てほしい。この図は変革する組織、すなわち健全な組織のバリューサイクルを回し続けられる組織における「登場人物のあり方」を示したものである。

トップの期待役割

組織カルチャーの良し悪しは、トップが決めるといっても過言ではない。部門単位、チーム単位など

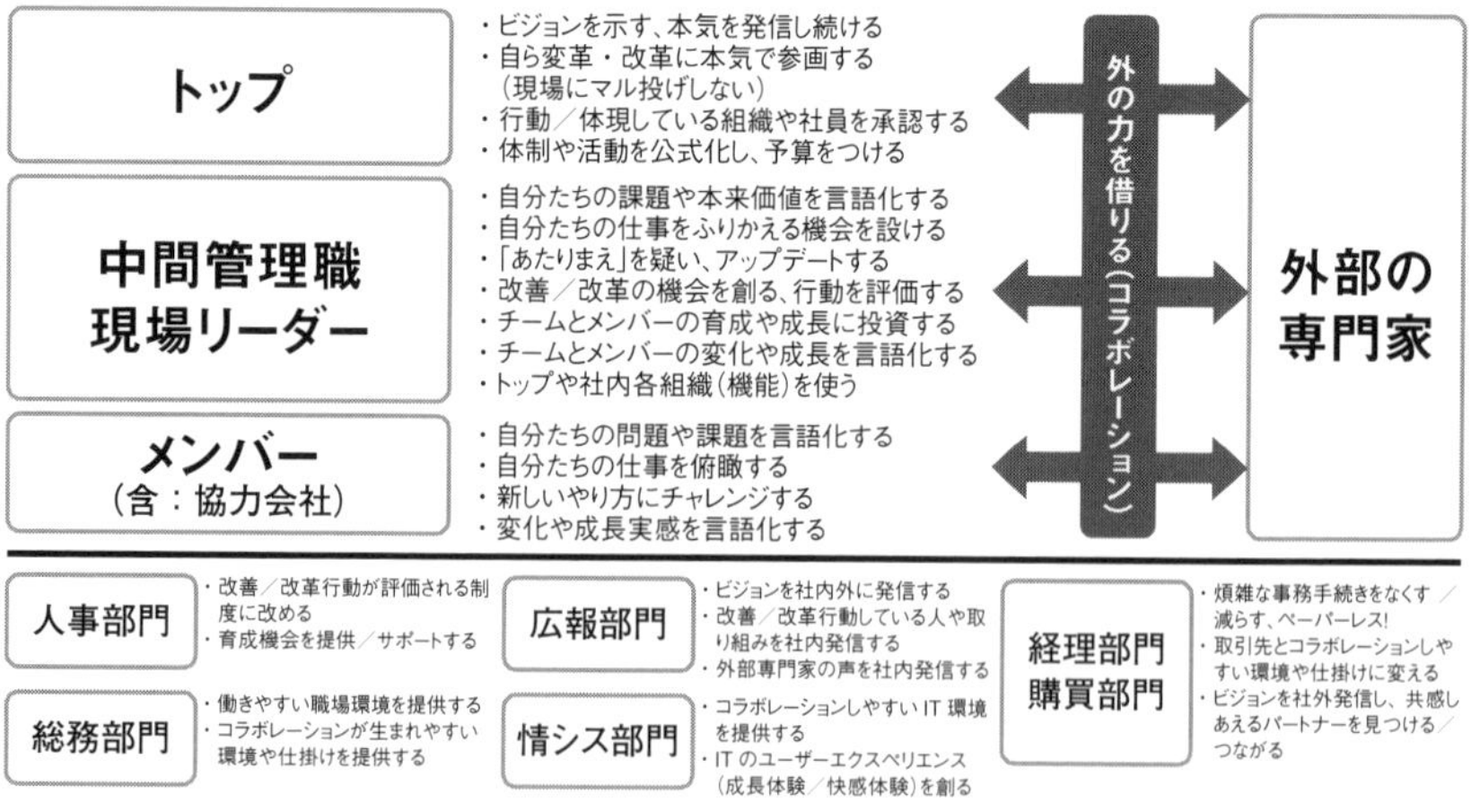

トップ
・ビジョンを示す、本気を発信し続ける
・自ら変革・改革に本気で参画する（現場にマル投げしない）
・行動／体現している組織や社員を承認する
・体制や活動を公式化し、予算をつける
中間管理職
現場リーダー
・自分たちの課題や本来価値を言語化する
・自分たちの仕事をふりかえる機会を設ける
・「あたりまえ」を疑い、アップデートする
・改善／改革の機会を創る、行動を評価する
・チームとメンバーの育成や成長に投資する
・チームとメンバーの変化や成長を言語化する
・トップや社内各組織（機能）を使う
メンバー
（含：協力会社）
・自分たちの問題や課題を言語化する
・自分たちの仕事を俯瞰する
・新しいやり方にチャレンジする
・変化や成長実感を言語化する
外の力を借りる（コラボレーション）
外部の専門家
人事部門
・改善／改革行動が評価される制度に改める
・育成機会を提供／サポートする
総務部門
・働きやすい職場環境を提供する
・コラボレーションが生まれやすい環境や仕掛けを提供する
広報部門
・ビジョンを社内外に発信する
・改善／改革行動している人や取り組みを社内発信する
・外部専門家の声を社内発信する
情シス部門
・コラボレーションしやすいIT環境を提供する
・ITのユーザーエクスペリエンス（成長体験／快感体験）を創る
経理部門
購買部門
・煩雑な事務手続きをなくす／減らす、ペーパーレス!
・取引先とコラボレーションしやすい環境や仕掛けに変える
・ビジョンを社外発信し、共感しあえるパートナーを見つける／つながる

組織の「登場人物」と期待役割の例

小組織単位であればボトムアップでも変化しうるが、長続きしない。社長、部門長など組織における長の価値観や行動の影響は大なりである。トップの期待役割を挙げる。

- ビジョンを示す／発信し続ける
- 自ら変革・改革に本気で参画する（現場にマル投げしない）
- 行動／体現している組織や社員を承認する
- 体制や活動を公式化し、予算をつける

●ビジョンを示す／発信し続ける

変革し続ける組織は、トップがビジョンや大切にすることを発信し続けている。年頭挨拶、キックオフミーティング、全社ミーティングなどの社内イベントで、社内報やイントラネットを活用したWebメディアで、社内やグループ内向けのニュースレターで、あるいは社内SNSで。ビジョンは、その組織における考え方や「何が正しくて、何が正しくないか」を判断するための規範である。トップがしつこく発信してほしいし、発信し続けないとメンバーの日々の行動も変わらない。長年培った組織カルチャーや価値観は、すぐには変わるものではない。

●自ら変革・改革に本気で参画する（現場にマル投げしない）

トップが「変革だ！」「改革だ！」「DXだ！」と叫んでいるだけで、内容は現場にマル投げしているだけ。それでは組織は変わらない。メンバーはトップの変革、改革への本気度を疑い、組織全体に空虚感、無力感、停滞感を蔓延させる。

トップが変革・改革に本気になる。

自ら変革・改革活動に参画する。

変革・改革を当事者として肌身で感じる。

そのくらいの覚悟が必要である。

「あなたたち、変革しなさい（ただし、私は変わりません）」となっていないか？

「新しい風を吹かせてほしい」と言いながら、いままでのやり方や価値観に固執して、外から来た人材の改善提案を頭ごなしに否定していないか？

現場の変革・改革の提案や行動を足を引っ張る中間管理職を野放しにしていないか？

すべて経営者の責任である。それでは、組織はいつまでたっても健全に成長しない。

●行動／体現している組織や社員を承認する

トップは、組織のビジョンに沿った行動をしている部門、変革・改革の行動をしている社員やメンバーを承認してほしい。

- 激励や共感の言葉をかける
- 表彰する
- 経営会議で好事例として紹介する
- 社内ＳＮＳのいい発言や提案に「いいね！」して後押しのコメントする

このように、承認の方法はさまざまだ。

一般的に、組織におけるトップの言動や行動の影響力は大きい。

「自分たちの行動はまちがってないんだ」
「あの人のように、意見や提案をするのは悪いことではないんだ」
「新しいやり方にチャレンジしてもいいんだ」

トップの承認行動が現場のメンバーの変革、改革、改善の行動を後押しする。

グローバル組織の社長や部門長は、社員や部門のメンバーにニュースレターを発行してビジョンを発信したり、ビジョンに沿って行動しているチームやメンバーに対する激励のメッセージを送るなど、組織の中の人たちに対するコミュニケーション、すなわちインターナルコミュニケーションに力を入れている。大きな規模の組織では、トップの声が現場に届きにくい。広報部門など専門組織の力を借りたインターナルコミュニケーションを推進してほしい。

●体制や活動を公式化し、予算をつける

ただ変革や改革を促しているだけでは、現場はなかなか動かない。変革や改革は、いわば普段の業務とは異なる取り組みである。通常業務をいったん止めて、新たな視点や観点でいままでのあたりまえを疑い、変える行動をする必要がある。

かつ、そのテーマは組織横断、部門横断で取り組む必要がある。従来の組織体制では達成しえない可能性もある。たとえば、ＤＸが従来の情報システム部門単独では実現しにくいことは、なんとなく想像できるだろう。しかしながら、組織が統制型（ピラミッド型）であればあるほど、役割責任が細分化され、各部門は与えられた従来の役割を果たすことだけに集中しがちである。「それはウチの仕事ではない」と、新しい取り組みにアレルギー反応を起こす。あるいは中間管理職が、新しい取り組みに意欲的な人材の脚を引っ張る（いわゆる中間管理職ブロック）。組織が大きければ大きいほど、おのおのの部門やチームは悪気なく縦割りになる。そもそも、現場のメンバーは組織を越えたコラボレーションのやり方がわからない可能性もある。

- 組織横断型（クロスファンクション型）の組織を立ち上げる
- 変革・改革活動を公式化し、予算をつける

●変革・改革を推進するためのスキル（ファシリテーションスキル、リーダーシップ、フォロワーシップなど）育成に投資する
●外部ファシリテーターを起用する

トップには、このような行動を期待したい。

中間管理職／現場リーダーの期待役割

健全な組織のバリューサイクル、とりわけ「コアサイクル」（本来価値創出、業務改善、育成・学習の3つの行動）を回し続けるためには、中間管理職や現場リーダーの意識やスキルのアップデートも欠かせない。彼ら／彼女たちの日々の意思決定、行動、言動が、半径5メートル以内すなわち部・課・チームなど現場レベルにおけるメンバーの変革行動、改革行動、改善行動を後押しもするし、妨げもするからだ。中間管理職・現場リーダーの期待役割を挙げる。

●自分たちの問題・課題・本来価値を言語化する
●自分たちの仕事をふりかえる機会を設ける
●あたりまえを疑い、アップデートする
●改善／改革の機会を創り、行動を評価する

●メンバーの育成や成長に投資する
●メンバーの変化や成長を言語化する
●トップや社内各組織（機能）を使う

●自分たちの問題・課題・本来価値を言語化する

中間管理職／現場リーダーは、いわば課やチームなど細分化された小さな組織の経営者である。経営者なのだから、その組織のゴールや経営課題を言語化してメンバーを同じ方向に導く責任がある。まずは、現場の、すなわち半径5メートル以内のマネジメントキーワードやテーマを設定してほしい。そのためのアプローチは大きく2つだ。

①トップが示すビジョンやミッションを現場の言葉に嚙み砕く
②（①の有無に関わらず）現場の問題・課題・本来価値を言語化する

トップが示す全社のビジョンやミッションは、漠然としがちである。たとえば「働き方改革」。そのマネジメントキーワードをそのまま現場に落としても、メンバーはピンとこない。思考停止、行動停止に陥りがちである。あるいは、他人事になる。

「改革は経営の仕事でしょう。私たちの仕事ではない」

「働き方改革なんて、残業代が減って生活が苦しくなるだけだよね。自分たちは得しないし」

無理もない。働き方改革なる言葉がビッグワードすぎるからである。中間管理職や現場のリーダーは、このようなビッグワードを半径5メートル以内の現場の言葉に置き換える必要がある。

現場のメンバーは、作業のミスや手戻りの多さで疲弊しているかもしれない。あるいは、上位者の意思決定スピードの遅さや、ITシステムが貧弱であることにより、無駄な待ち時間が発生しており、ストレスを抱えているかもしれない。現場目線では、こういう日常の景色に溶け込んだ不便を解消することこそが、自分たちの働き方改革であり、なおかつありがたい。

トップが示すビジョンやミッションを、だれかが半径5メートル以内のマネジメントキーワードに噛み砕く必要がある。中間管理職や、現場リーダーがその役割を果たしてほしい。また、半径5メートル以内の問題・課題を解決することが、トップが掲げるマネジメントキーワードの解決につながることを上長やトップに示していく必要もある。すなわち、経営と現場の景色合わせのファシリテーター（推進者）の役割が求められる。

中間管理職／現場リーダーは、会社のビジョンやミッションの有無にかかわらず、現場の問題・課題や本来価値を率先して言語化してほしい。それらを解決あるいは達成することが、そのチームの価値向上およびメンバーの価値向上につながるのだから。

●自分たちの仕事をふりかえる機会を設ける

前章で解説したとおり、組織や個人の成長はふりかえりによって言語化され、実感が得られるようになる。年1回、半期に1回、プロジェクト終了後など、定期的にふりかえりミーティングを実施し、次のようなことをメンバー同士で言語化しよう。

- よかったこと
- 問題だと思うこと
- 新たにチャレンジしてみたいこと
- 得られた知識
- さらに高みを目指すために必要だと思う知識やスキル

チームによるふりかえりは、個人の知識を組織の知識、すなわち組織知化するナレッジマネジメントの意味合いも大きい。

●あたりまえを疑い、アップデートする

通常業務をこなしているだけでは、無理・無駄・非合理には気づきにくい。悪気なく、慣れた不便をそのまま放置してしまいがちである。その結果、生産性もモチベーションも低い「負けパターン」で仕事を続けている可能性がある。いったん通常業務の手を止めて、日々の仕事のやり方の「あたり

まえ」を疑う機会を設けよう。年1回でもかまわない。仕事を棚卸しし、「やめる」「減らす」「効率化する」「自動化する」「外注する」など向き合い方を決めよう（前章の業務改善の項もあらためて見直してほしい）。

ジョブローテーションも転職者の流入もない同質性の高い組織ではなおのこと、仕事に潜む無理・無駄・非合理に気づきにくい。ほかのやり方を知らないのだから、当然である。本を読む、外部の講演やセミナーを聴講する、外部研修を受ける、外部の専門家を呼んで話を聞くなど、外の風を入れてみよう。

●改善／改革の機会を創り、行動を評価する

現場の問題・課題や本来価値をただ言語化しただけでは、組織はよくならない。中間管理職・現場リーダーは、それらを解決／実現する機会を創ろう。メンバーをアサインし、業務時間内の仕事として認める。取り組みを評価する。そこまでやらないと、改善／改革のための行動はなかなか実行されない。

日本の組織は、どうも改善／改革を個人のボランティア精神に依存しすぎなきらいがある。終身雇用制度のもと、奉公精神が高く評価され、同じ組織で一生を終える時代はそれでもうまく機能していたかもしれないが、これからの時代はそうではない。ボランティア頼み、勇者頼みの改善／改革は限界があるし、続かない。「仕事として」改善／改革の機会を創る、あるいはそのための大義名分を用意するのも、リーダーの重要な役割である。もちろん、メンバーの改善行動／改革行動は正しく評価

する。

●メンバーの育成や成長に投資する

改善／改革に必要なスキルや経験をメンバーが兼ね備えているか？　なければお金や時間をかけて育成する、あるいは外から調達する、すなわち必要なスキルや経験を有している人に対価を払って参画願えばいい。コラボレーションの時代、組織の中にないリソースは外の人とつながって補う必要がある。中にないものはないのである。ないものねだりをして、アイドリングしている時間がもったいない。

●メンバーの変化や成長を言語化する

メンバーの変化や成長を言語化するのも、中間管理職・現場リーダーの役割である。日報、週次のチームミーティング、メンバーとの１ｏｎ１ミーティングなど日常のコミュニケーションを通じて、あるいは、ビジネスチャットを使ってカジュアルに、あるいは、ふりかえりミーティング（前述）の場でもかまわない。メンバーの前向きな変化や、成長を言葉にして伝えてほしい。それがメンバーの成長実感につながり、さらなるチャレンジを組織にもたらす。

●トップや社内各組織（機能）を使う

改善／改革は、チーム単独でできるものではない。中間管理職や現場リーダーの裁量だけでできることも限られている。

- トップにお願いして、メンバーのモチベーションが上がる言葉をかけてもらう
- 人事部門とかけあって、チームの問題・課題解決の知識や経験を有する人を採用してもらう
- 総務部門に依頼して、オフィスの環境を明るく居心地よく改善してもらう
- 情報システム部門とタッグを組んで、ＩＴ環境を整えてもらう
- 経理部門にかけあって、チームのメンバーと取引先の事務稼働を軽減できるよう、見積もりや請求の手続きを簡素化してもらう

このように、社内のリソースをうまく使うのも、中間管理職・現場リーダーの仕事である。

マネージャーに求められる5つのマネジメントと9つの行動

時代の変化に伴い、中間管理職・現場リーダーなどマネージャーに求められる要件も変わりつつある。従来の統制型（ピラミッド型）組織に最適化された統制管理一辺倒のマネジメントは、もはや通用しなくなってきた。そろそろマネージャーの要件をアップデートする必要がある。

これからの時代のオープン型、ないし統制型（ピラミッド型）とオープン型を組み合わせたハイブリッド型組織におけるマネージャーの要件を、筆者は「5つのマネジメントと9つの行動」として定

	[A] コミュニケーションマネジメント	[B] リソース マネジメント	[C] オペレーション マネジメント	[D] キャリア マネジメント	[E] ブランド マネジメント
①ビジョンニング	☆			☆	☆
②課題発見／課題設定	☆		☆	☆	
③育成		☆		☆	☆
④意思決定	☆	☆			☆
⑤情報共有／発信	☆				☆
⑥モチベート／風土醸成	☆			☆	☆
⑦調整／調達		☆	☆		
⑧生産性向上	☆	☆	☆		
⑨プロセスづくり	☆		☆		

5つのマネジメントと9つの行動

出典:『マネージャーの問題地図』(技術評論社)

義している。

5つのマネジメントとは、次のとおりである。

● **【A】コミュニケーションマネジメント**

上司と部下、メンバー同士、部署間、社外と社内など業務遂行に必要なコミュニケーションを定義し、設計して、発生させる。

● **【B】リソースマネジメント**

必要なヒト・モノ・カネ・情報・能力・機能を特定し、調達する。

● **【C】オペレーションマネジメント**

日々の業務が効率よく回る／問題やトラブルを迅速に解決できるようなプロセス／仕組みを整える。

● **【D】キャリアマネジメント**

組織と個人の成長に必要な要件(スキル、経験など)

やストーリーを定義する。メンバーに機会（教育、経験の場）を提供する。

● 【E】ブランドマネジメント

組織および担当業務の価値を高める。社内外からよりいい人材が集まるようにする。

そして、これら5つのマネジメントには、次の9つの行動が求められる。

❶ビジョニング【A】【D】【E】

「その組織（会社／部門／課／チーム）が目指す方向は？　何を大切とするか？」を示し、メンバーに方向づけできる。

「この組織でどんな仕事ができて、どんなスキルが身につくのか？」少し先の未来を示すことができる。

その組織〝らしさ〟を語ることができる。

〝らしさ〟を体現している人（ロールモデル）を承認する／正しく評価する。

❷課題発見／課題設定【A】【C】【D】

その組織が解決する問題を特定し、課題設定できる。

チームと個人が成長するためにチャレンジするテーマを設定できる。

メンバー全員の問題、課題に対する景色を合わせる。

❸育成【B】【D】【E】

その組織のミッションを完遂するために／より高い価値を出すために必要なスキルを定義できる。

メンバーになにが足りていて／なにが足りていないかを可視化できる。

ＯＪＴ／ＯＦＦ－ＪＴを計画し、実行・管理できる。

将来（個人と組織の成長）に対して投資する。

❹意思決定【A】【B】【E】

迅速かつ適切に意思決定する。

自らが意思決定をする。または部下に権限委譲し、意思決定や優先度づけを支援する。

❺情報共有／発信【A】【E】

その組織のビジョン、ミッション、方向性、意思決定に重要な情報などをメンバーに迅速に共有する。

検討状況や進捗状況を共有する。社内外の情報をメンバーに共有する。

自組織の〝らしさ〟や方向性、取り組みや成果を社内外に発信する。

❻モチベート／風土醸成【A】【D】【E】

メンバーをモチベートする。

メンバーが課題解決や組織の価値向上に向けてチャレンジする機会や大義名分を作る。

❼調整／調達【B】【C】

組織のミッションを完遂するために足りないリソースを明確にし、予算を確保して社内外から調達する。

メンバー同士の組み合わせにより／外の人の力を借りることで、ミッションを達成できる。

❽生産性向上【A】【B】【C】

個人個人の生産性が最も上がる環境を提供する。

成果の見えにくい仕事／すぐに結果の出ない仕事を評価する。

❾プロセスづくり【A】【C】

メンバーが安定して成果を出せるためのプロセスを整備する／再構築する。

「これを全部やらなければならないのか」と気が遠くなるかもしれないが、心配はいらない。マネージャーが全部やらなくても結構。マネージャーは社長でもなければ、個人事業主でもない。チームでマネジメントできるようにすればいいのだ。

- 複数のマネージャーで分担する
- 課長代理と分担する
- 得意なメンバーに任せる
- 一部を外注する

など、チームでマネジメント業務を分担する方法はいくらでもある。マネジメント業務もまた、マネージャーやリーダーが1人で抱えるものではなく、コラボレーションで解決する時代なのだ。

メンバーの期待役割

現場のメンバーも正しく変わる必要がある。ただ上から言われたことだけをやっている人材、思考できない人材は、機械化やIT化が進むこれからの時代、活躍の場がどんどん狭まるであろう。いい条件でのキャリアチェンジも難しくなる。中間管理職・現場リーダーの牽引の元、あるいは自ら進んで次の行動を起こしていく必要がある。

- 自分たちの問題・課題を言語化する

● 自分たちの仕事を俯瞰する
● 新しいやり方にチャレンジする
● 変化や成長実感を言語化する

● 自分たちの問題・課題を言語化する

メンバーは、自分たちの半径5メートル以内、すなわち日々働いている現場の問題や課題を言語化しよう。


「この申請手続き、手戻りが多くてかなわない。手戻りを減らしたい」

「問い合わせ対応をラクにしたい」

「月次報告資料。毎回紙に出力して回覧する必要あるのですか？」

「定例会議。毎回、空き会議室を探して予約するのに苦労している。なんとかならないか？」

「会議日程の調整に毎度時間がかかる。メールでの調整はやめて、ビジネスチャットと会議調整ツールでパパっと決めませんか？」


小さなことからでかまわない。手戻りを増やすもの、無駄な待ち時間や移動時間を発生させているもの、本来取り組みべき仕事やプロとしての本来価値創出を邪魔している仕事を言語化しよう。

慣れた不便に名前を付ける。

生産性やモチベーションを下げている要因に名前を付ける。

それをチーム内、あるいはメンバー同士で共有して、問題や課題の共感者、すなわちファンを創る。


そこから景色は変わる。

●自分たちの仕事を俯瞰する

とはいえ、日々同じメンバーで日々の仕事を淡々とこなしているだけでは、なかなか問題や課題を言語化しにくい。個人レベルで言語化できても、共有し共感しあう場がなければ、組織の問題・課題として合意形成されない。自分たちの仕事を俯瞰しよう。


日々あたりまえにやっている仕事や業務プロセスを書き出し、みんなで「無理」「無駄」がないか指摘しあう。

改善余地を見つけ、改善するテーマ設定をする。

担当者や役割を決める。


年1回程度でもかまわない。このようなふりかえりをするといい。個人単位の仕事であれば、タスクや手順を書き出して、リーダーや同僚に見てもらうだけでも、俯瞰とふりかえりができる。

仕事を俯瞰しただけでは、改善余地に気づけないことがある。人材流動性が低く、同質性の高い組織であればなおのこと、日々の「あたりまえ」の景色に溶け込んだ無理・無駄・非効率は認識されにくい。

- 本を読む
- インターネットの情報に触れる
- 第三者（外部の専門家）などにアドバイスを求める

このような「外を知る」取り組みもおこないたい。

●新しいやり方にチャレンジする

新しいやり方を取り入れることで、慣れた不便や問題・課題が解消することはよくある。

- 電話やＦＡＸではなくメールで
- メールではなくてビジネスチャットで
- 対面の会議ではなくオンラインミーティングで
- 紙ではなく電子フォームで
- 会議の進行に新しいファシリテーション手法を取り入れてみる

ぜひとも、新しいやり方にチャレンジしてほしい。世の中のテクノロジー、人の行動、価値観は、日々進化する。新しいやり方を取り入れていかないと、組織もそこで働く私たちも陳腐化する。顧客、取引先など外部のステークホルダーとコラボレーションできなくなり、やがてそっぽを向かれるようになる。すなわち、自社のファンを遠ざける。組織と自分自身のアップデート、あるいは育成だと思って、新しいやり方にチャレンジしよう。

●変化や成長実感を言語化する

「新しいやり方を取り入れても、続かない」
「ＩＴを導入したら、かえって無駄な仕事が増えた」

新しいやり方にチャレンジするのも大事だが、やりっぱなしではうまくない。ＣＯＶＩＤ－19の感染拡大による緊急事態宣言下においても、テレワークを導入して実践したものの「緊急事態宣言解除後に、なんとなく元の出社型の仕事のやり方に戻ってしまった」企業も散見される。じつにもったいない。

新しいやり方を取り入れたら、ふりかえりポイントを決め、チームでふりかえりをしよう。問題や課題はもちろん、その取り組みを通じてどんな変化や成長が得られたかも言語化する。変化や成長を言葉にすることで、新しいものごとにチャレンジする空気が生まれる。ただ単に新しいやり方をやめて元に戻すのではなく、あるいは新しいやり方を惰性で続けるのではなく、「さらによくするにはどうしたらいいか？」を考え、実行しやすくなる。
ふりかえりの場のみならず、常日頃から変化や成長実感は積極的に言葉にするといい。

「ビジネスチャット、メールよりもやりとりがラクでイイね」
「オンラインでも、意外とイケるよね」
「会議が短時間で終わるようになったね」
「新しいファシリテーションのやり方、なんだかラジオのＤＪみたいでカッコいいね」

こんな感想レベルでもかまわない。変化や成長を言葉にし、前向きに認識しあおう。
学習し続ける組織風土、成長し続ける組織風土は、あなたの半径5メートル以内から創ることができる。

第4章

バックオフィス2.0
～管理部門・間接部門のこれから

第3章で触れたように、バックオフィスは組織全体の生産性、コラボレーション、モチベーション、成長などを大きく左右する。旧態依然なバックオフィスは組織の健全な成長を阻害する一方、進化できるバックオフィスは組織全体の成長を牽引する強力なインフラストラクチャー（基盤）となりうる。健全な組織のバリューサイクルを回し続けられる組織に変革できるかどうかは、トップのコミットメントはもちろん、バックオフィスの変革にかかっているといっても過言ではない。

旧態依然のバックオフィスを「1・0」（イッテンゼロ）とするならば、変革を後押しできるバックオフィスは「2・0」（ニーテンゼロ）と表現できる。本章では、バックオフィスの対象を次のように定義し、担う部門および職種ごとの理想の近未来像、「バックオフィス2・0」をひも解いていく。

総務、人事、経理、広報、購買、情報システム、法務、監査、財務などいわゆる間接業務を担う部門および職種、あるいは間接業務そのもの。

自組織のバックオフィスの現状把握と、あるべき姿を描くための目標設定に活用してほしい。

では、バックオフィス各部門の「2・0」を定義していこう。トップバッターは総務部門だ。

総務 2.0

【おもなコラボ先】
人事部門、情シス部門、デザイン部門

△ 固定的な職場環境に社員を縛る
△ 「狭い」「寒い／暑い」「暗い」……労働環境の問題を放置する

↓

○ オープンで快適な職場環境／動線を構築／運用する
○ オフィス以外で働ける／オフィス以外で働いている人と協働しやすい環境を創る
○ ABW (Activity Based Working) を推進する

総務2.0

総務2.0

総務部門は、職場の物理的な環境の提供と維持改善の役割を担う。

統制型（ピラミッド型）に最適化した総務部門は、組織のメンバー全員を固定な職場環境に縛ろうとし、工場のようにすべてのメンバーに同じ行動をとることを強制する。また、経営サイドからのコスト削減要求も加わり、狭い、寒い、暑い、暗い職場環境をあたりまえのように放置しがちである。

しかし、1つの基準にそろえることで、はたして働くすべての人たちの生産性やモチベーションが上がるであろうか？　各々の部門や職種に求められる専門性は異なる。働く人材も多様化してきている。工場と同じ、統制型（ピラミッド型）に最適化された職場環境が、工場以外の職種の人たちの「勝ちパターン」とは限らない。狭くて、寒くて、暗いオフィスに押し込められた人たちのモチベーションが上がるはずがない。「自分はプロとしてリスペクトされていない」と感じさせる。劣悪な職場環境は、生産性のみならず、そこで働く人たちの組織や仕事に対するエンゲージメントをも下げる。

部門や職種ごとに最適な職場環境を提供する

これからの総務部門は、各々の部門、各々の職種の人たちがプロフェッショナリティを正しく発揮できる職場環境を提供できる組織でありたい。ABW（Activity Based Working）の発想を取り入れ、各自あるいは各部門がその特性に応じて「勝ちパターン」を選択できるような働き方を実現したい。

- 固定席オンリーではなく、フリーアドレスなどと組み合わせたオフィスレイアウトに変更する
- 固定電話やFAXを見直し、場所にとらわれない働き方を促進する
- 作業集中ブース、オープン会議卓、「ファミレス席」、スタンディング会議スペース（立ち席で手短なミーティングができるスペース）など、仕事の種類に応じて適する環境を複数提供する
- ホワイトボードやディスプレイを多く設置し、いつでもどこでもアイディア出しの議論やオンラインミーティングができるようにする
- オンラインミーティング専用ブースなど、オフィス以外で働いている人とコラボレーションしやすい環境を構築する

提供:株式会社オカムラ

オフィス空間デザインによるコミュニケーション活性の事例

●トイレ、食堂、喫煙環境を改善する
●カフェスペース、ライブラリー（書籍コーナー）など、雑談、学び、人と人、知識と知識の「偶然の出会い」を誘発する空間を設ける
●デジタルサイネージを設置し、社内ニュースを流す

このような方法が考えられる。

ハードのみならず、ソフト面の改善や運用も手がける

「職場のコミュニケーションとコラボレーションを活性化させようと、フリーアドレスやカフェスペースを作ったものの、まるで会話が生まれない、使われない」

そんなケースもある。もともとコミュニケーションが希薄な職場で、職場のハードだけを改良しても、なかなか会話も雑談も生まれない。ファシリティなどのハードのみならず、ソフト面の改善や運用もできると、総務部門の価値はますます高まる。

●お菓子やおもちゃを置いてみる
●カフェスペースで読書会や勉強会を開催する

提供:株式会社NTTデータ

オフィスイベントによる組織内コミュニケーション活性の事例

●週刊誌を置く

コミュニケーションやコラボレーションを誘発するためのソフト面のデザインと運用にも目を向けてほしい。

最近では、コミュニティアクセラレーターなる職種も生まれつつある。文字どおり、コミュニティを活性化させる専門家である。コミュニケーションを活性化させる新たな考え方を取り入れるのも、これからの総務部門の新たな価値創出につながるのではないか。また、このような新しくオープンな取り組みに敏感な若手をどんどん総務に起用し、高く評価してほしい。

中には、総務部門単独で意思決定できない取り組みもある。

●場所にとらわれない自由度の高い働き方を実現するには、人事部門と協議する必要がある

●フリーアドレスなど職場のオープン化を実現するためには、無線LAN環境を整えなければならない。すなわち、情報システム部門との協業が欠かせない
●オフィスをリニューアルする際は、デザイン部門の力を借りたい

バックオフィスが2・0にアップデートするためには、ほかのバックオフィス部門や事業部門とのコラボレーションが必要不可欠なのである。総務部門×人事部門、総務部門×情報システム部門、総務部門×デザイン部門など、バックオフィス自身もコラボレーションで本来価値を高めつつ健全に成長していこう。

人事 2.0

【おもなコラボ先】
総務部門、広報部門、情シス部門

△画一的な働き方、統制一辺倒の管理（性悪説）
△形骸化した人事異動／転勤制度／評価制度など
△入社候補者に対する上から目線なふるまい、圧迫面接

↓

○コラボレーションできる人材（管理職を含む）の育成促進
○事業部門のサポート役
○自社ファン（共感者）を創る
○IT を（も）駆使した外への発信／外からの受信

人事2.0

人事2.0

統制型（ピラミッド型）に最適化された人事部門は、総務部門と同様、従業員や準ずるメンバーにすべからく同じ行動をとるよう人事制度や評価制度を最適化してきた。終身雇用前提のもと、社歴が長い人が優遇される昇進制度、給与制度が根づいている企業も少なくない。従業員のライフステージやキャリアを考慮しない、人事異動や転勤も正当化されている。人事担当者の入社候補者に対する上から目線な言動やふるまいで、入社候補者をアンチにする企業もいまだに少なくない。「報復人事」のような、陰湿かつ幼稚な慣習を続けている企業もある。会社が個人に対して優勢な時代は終わりつつあるにもかかわらず。

これらがすべて悪と言うつもりはない。その組織

において、合理性があるならば続ければいいのである。しかしながら、統制型（ピラミッド型）および終身雇用型に最適化された制度や慣習は、終身雇用の崩壊、少子高齢化、働く人たちの多様化（性別の違い、国籍の違い、仕事に対する向き合い方の違い、キャリア観の違い、働き方の違い、ライフステージの違い、プロフェッショナリティの違いなど）が大きくなるにつれ、合理性を失う。インターネットによるオープンなコミュニケーションがあたりまえの世の中、面接官の失礼な行動や言動、あまりに理不尽な「報復人事」などの情報は一気に広まり、ブランド毀損を引き起こしかねない。

オープンにコラボレーションできる人材の育成に力を入れる

これからの人事部門は、決められた仕事を従順にこなす人材のみならず、オープンに発想し、オープンにコラボレーションできる人材の育成にも力を入れるべきであろう。日本マイクロソフトは、部門評価や人事評価の項目に「コラボレーション度」を含めている。「他組織とコラボレーションしたか？」「ノウハウを他者に共有したか？」これらが評価される。それだけ、コラボレーションを経営や組織運営の武器として重視しているのである。

コラボレーションが生まれやすいオフィス環境や、テレワークやワーケーションなどの働き方のオプションの整備も、人事部門の重要なミッションである。堅苦しい職場環境は、堅苦しい人材しか生まない。オフィス環境の改善やバージョンアップは、前述のとおり、総務部門と協力して進める。

中間管理職の意識変革やスキルアップも肝である。部長や課長がボトルネックとなって、メンバーがコラボレーションやチャレンジをできず、モチベーションを下げていく職場もある。中間管理職の期待役割と要件の再定義、およびマインドやスキルの育成も必要であろう。もちろん、中間管理職の評価制度も刷新する。コラボレーションやチャレンジを邪魔する管理職は、降格させる、あるいは退場願うなど、ドラスティックな変革も必要だ。

ITを駆使して自社ファンを増やす

採用や育成の面において、人事部門は事業部門のサポート役としての役割を果たしてほしい。組織のカルチャーや現場の要件に合うか合わないかわからない人材を採用して、現場に送り込んで「後はよろしく」ではダメだ。事業部門が必要とする人材の要件定義（言語化）をサポートし、マッチする人材を社内外から探して、事業部門と引き合わせる。事業部門が必要とするスキルを育成する、研修や学習の場を提供する。そのための予算をあてがう。こうして、事業部門の本来価値創出や問題・課題解決をサポートしよう。

入社候補者は、貴重な自社のファンとして接する。上から目線など言語道断。広報部門がどんなにがんばって自社ブランドイメージを上げるための広告宣伝をしても、無礼な面接官の行動や言動1つで台なしになる。入社候補者に無礼なふるまいをする人事担当者や面接官には、厳しい処遇をするべきである。

自社ファンを増やすためには、常日頃からインターネットなどITを活用して自社の情報を発信する必要もあろう。そのためには、広報部門や情報システム部門とのコラボレーションが求められる。

会社説明会や面接も、ＩＴを駆使しておこないたい。最近では、オンラインの会社説明会や面接も普及してきた。入社候補者、面接官ともに、移動時間を浪費したり、交通機関のトラブルなどに左右されることなく、会議室を大量占拠することもなく面接をおこなえるため、入社候補者にも事業部門にも好評だ。場所の制約なく、全国あるいは全世界の優秀な候補者と出会うチャンスが広がるのも大きなメリットだ。

デジタルワーク化できるよう人材をアップデートする

採用活動のオンライン化にとどまらず、会社組織全体のＩＴスキルやＩＴリテラシーを高め、デジタルワークできるよう人材をアップデートすることも、人事部門の重要な役割だ。健全な組織のバリューサイクルを回すためには、デジタルに身を置く、すなわちデジタルワーク化が欠かせない。

デジタルワーク（テレワーク）をうまくこなすために必要なスキルを図にまとめた。1〜3と8は職位に関わらず組織のメンバー全員に身につけてほしい基本スキル／リテラシー、4〜7は番号が大きいほど管理職やリーダーなどチームを牽引する立場の人に持っておいてほしいスキルである。これらのスキルは、デジタルワークをスムーズにおこなうために役立つのみならず、対面でのコミュニケーションやコラボレーションを効率よくおこなううえでもまちがいなく役に立つ。参考にしてほしい。

働き方そのものをフルリモートワーク化し、地域外の優秀な人材の採用に成功している企業もある。

1. ロジカルコミュニケーション
- 結論から言う ・手短かに話す
- 発言の種類を明確にする（提案／質問…）
- 論点をナンバリングする

2. セルフマネジメント
- 集中できる環境を選択できる
- モチベーションコントロールできる
- 作業時間を見積れる
- 約束を守れる（または調整できる）

3. ヘルプシーキング
- アラートをあげて助けを求められる
- 専門家（組織内外）を頼れる

4. クリティカルシンキング
- 問題、課題を言語化できる
- 問題、課題を構造化できる（例．仕事を５つの要素に分解する）
- お互いの認識／誤解を言語化できる
- 図解できる

5. チームビルディング
- 自己開示しあえる
- 自分の役割と相手への期待を明確にできる
- 共通の仕事の進め方を提案・実行できる
- マウンティングしない

6. プロジェクトマネジメント
- タスク分解できる
- 自分の仕事の計画を立てられる
- 問題管理／課題管理できる
- プロセス全体と現在位置を明確にできる

7. ファシリテーション
- アイスブレイクできる
- 目的やテーマを投げかけられる
- キーワードやフレーズで論点を言語化する
- 意見や議論を書き出して可視化する
- 間を置いて話す
- 相手の意見や反応を受け止める

8. IT スキル／リテラシー
- オンライン会議ツール／ビジネスチャットを使いこなせる
- オンラインファイル共有サービスを使いこなせる
- スケジューラで予定を共有する
- タスク管理ツールやチケット管理ツールを使いこなせる
- 通信トラブル時に代替手段で対応できる
- 反応を示す（相づち、スタンプなど）
- 従来のビジネスマナーを強要しない
- "てにをは"にこだわりすぎない
- 突発のトラブル／プライベートの混在に寛容になる
- 感謝とユーモアを表現する

デジタルワークをうまくこなすために必要な8つのスキル

入社候補者は転居を伴わず、就職や転職ができる。

筆者のまわりでも、ここ半年だけで6人、富山、愛知、金沢、浜松など地方都市に住みながら東京あるいはほかの地方都市の企業にフルリモートワークで転職した人を知っている。このように、デジタルを使いこなして進化する企業は、居住地を問わず優秀な人材を獲得している。場所や時間を固定した働き方しかできない企業との人材獲得力格差は広がる一方だ。

経理2.0／財務2.0

出張旅費申請、経費利用申請など、社内のやりとり。見積もり、請求業務、支払いなど、事業部門と取引先とのやりとり。紙ベース、ハンコベース、郵送ベース、固定電話ベース、ＦＡＸベースのアナログな経理業務は、事業部門のスピーディなビジネスアクションや、取引先とのスピーディなコラボレーションを阻害する。

しかも、多くの場合、経理担当者は社内決裁や請求業務の最後の最後に登場し、ちゃぶ台をひっくり返す。

「件名が不適切です、修正して再提出してください。急ぎ郵送で」

経理 2.0

【おもなコラボ先】
情シス部門、監査部門

△煩雑なルールや運用を社員／取引先に押しつける
△重箱の隅をつついて最後に「ちゃぶ台返し」
△監査や会計士／税理士の言いなり
△外に出ない

↓

○ルールを疑い、アップデートする
○紙&ハンコからの脱却。ペーパーレスを促進する
○監査や会計士／税理士と正しく揉める
○外に出て、新しいやり方やテクノロジーを取り入れる

経理2.0

まるで無慈悲なラスボス※である。事業部の担当者は、申し訳ない気持ちで取引先に頭を下げる。

「すみません、経理からモノイイがつきまして。お手数ですが、急ぎ請求書の修正と再提出をお願いしたいのですが……」

こんなことが繰り返されると、スピーディな取引先はその企業から遠ざかる。すなわち、自社ファンをアンチに変える。せめて、電子で完結するプロセスならば修正と再提出に手間も時間もかからないのに。

これらの業務や手戻りは、事業部門や取引先の本来価値創出の邪魔をする。煩雑であればあるほど、手戻りが多ければ多いほど、事業部門および取引先が本来価値を創出する、すなわちプロがプロとして活躍する機会を奪う。自社と取引先、双方の成長機会を奪う、由々しき行為なのだ。

プロセスの簡素化、デジタル化を進める

筆者は、紙ベース、ハンコベース、郵送ベースでの見積書や請求書の提出を強いるクライアントには「事務作業サーチャージ」を課金している。「アナログペナルティ」といってもいいだろう。最近、

※ラストボスの略。ロールプレイングゲームなどの最後に登場する敵キャラクター。

筆者の後に続く企業や個人事業主も増えてきた。デジタルで手続きが完結する企業や自治体も増えてきている中、いまだにアナログなやり方を続けているのは、相手のプロとしての活躍機会、成長機会を奪う迷惑以外の何ものでもない。コンプライアンスの重要性も理解しつつ、自社のコンプライアンスを守るためのコストを社外の取引先に転嫁してはいけない。コンプライアンスのための雑務に振り回される事業部門も気の毒である。事業部門は、事務作業を専業としている人たちではないのだから。経理の業務プロセスやオペレーションの煩雑度合いは、社員と取引先、双方の自社に対するブランドイメージやエンゲージメントを左右する。経理部門はその社会的責任を肝に銘じ、プロセスの簡素化、デジタル化を進めてほしい。

外を知らないのも問題だ。アナログな仕事のやり方を続ける経理部門の多くが、社外に出ない。外に触れる機会がないものだから、自社のやり方の古さ、おかしさに悪気なく気づかない。経理部門こそオープンに。外に出て、他社のやり方やクラウドサービスなどＩＴを使った先進的なやり方を知ってほしい。見積もり、請求、支払いなど日常なトランザクションは、一般的かつ相手に負担をかけないやり方であるに越したことはない。そこに特殊性を見出す意味などない。世の中のやり方を知り、標準的かつ簡易なやり方に改めよう。それができる経理部門の価値は、まちがいなく高い。

監査や会計士／税理士と正しく揉める

考え方の古い監査部門や会計士、税理士の言いなりになっているのも問題だ。彼ら／彼女たちは、悪気なくアナログベースの古いやり方や、社員や取引先のスピーディなコラボレーションを妨げ、モチベーションも下げるような間接業務やチェック業務を増やす。そのような監査部門、会計士、税理士とはどうか正しく揉めて、場合によっては退場を促してほしい。

「ＩＴを使ったスマートなやり方を提案してください」
「無駄な作業をこれ以上増やすわけにはいきません。社員のモチベーションも、私たちのモチベーションも下がりますし、取引先のエンゲージメントも下げますから」
「間接業務を増やすことは『働き方改革』に反すると思うのですが、あなたはどうお考えですか？」

こうした小さな世論形成や行動も、世の中のアップデートに寄与するのである。

余談だが、筆者は経理部門こそワーケーションのようなオフィス以外の場所での働き方（リモートワーク）を経験してほしいと真剣に思っている。いかにいままでの紙ベース、ハンコベース、郵送ベース、固定電話ベース、ＦＡＸベースのアナログな仕事のやり方が、忙しく飛び回っている相手やテレワークなどオフィス以外の場所で働いている人たちを苦しめてきたか、自分ごととして実感できる。世の中には、リモートワークで業務を遂行している経理部門もある。業務を再設計し、クラウドサービスなどを駆使すれば、十分可能なのだ。なおかつ、経理業務がデジタルワーク化すれば、申請者である事業部門や取引先も場所の縛りから解放される。経理こそデジタルワーク、リモートワークにチャレンジしてもらいたい。

筆者は山奥のダム際や、ダム近隣の施設でワーケーションをする、ダム際ワーキング※を提唱し実践している。経理部門の諸氏も、ダム際ワーキングをしてみてはいかがか？　筆者が喜んで案内する。

ＩＲは自社ファン創出と同義

財務戦略を策定して実行するのが財務部門の大きなミッションである。自社の財務戦略に対し、株主／投資家／金融機関の理解を得て資金面での協力を得る必要がある。そのためには、ただ財務諸表やバランスシートの内容を説明するだけでは不十分だ。自社の生い立ち、現状を示すファクト、その先にある未来の可能性や思い、それを実現する財務戦略および投資のストーリーを、自分たちの言葉で説明できなければならない。

自社の目指す方向性、すなわちビジョンに共感する「自社ファン」たりえる株主／投資家／金融機関やメディアとつながり、強固な関係を構築する――ＩＲ（Investor Relations）とは、その取り組みにほかならない。それを怠ると、自己中心的なモンスター株主や筋悪な投資家に振り回され、自社が健全に発展することはできない。

ＩＲは、自社ファン創出と同義であり、ブランドマネジメントの要である。ＩＲを担う財務部門こそ、自社理解、受信力強化、発信力強化に努めてほしい。財務戦略のみならず、ブランド戦略、メデ

※ダム際ワーキングのWebサイト　https://damworking.com/

財務 2.0

【おもなコラボ先】
広報部門

△財務戦略を策定し、実行する

↓

○自社の経営戦略に合った財務戦略および投資ストーリーを策定／説明し、自社の目指す方向に共感する株主／投資家／金融機関の協力を得る（＝IR）

財務2.0

ィア戦略への理解とスキルを兼ね備えた財務部門は強い。広報部門とコラボレーションし、最強のＩＲの実戦部隊になろう。

広報2.0

広報 2.0	【おもなコラボ先】 人事部門、総務部門、情シス部門

△社長の代弁者
△マンネリ化した社内報の発行人
△受身のメディア対応、社内に対して上から目線

↓

○社長 と 社員 と 社会の代弁者
○社内外のコミュニケーションプロデューサー
（インターナル／エクスターナルコミュニケーション）
○デジタル／アナログのメディアミックスで社内外の自社ファンを創る

広報2.0

かつて、広報の役割は「社長の代弁者」であった。社長のメッセージを全社員および社外のステークホルダーに伝達すること、事業計画や進捗、決算速報など事業の状況を社内外に公知することに広報活動の重きが置かれていた。社長だけをハイライトした、だれも読まないマンネリ化した社内報を毎月発行し続ける広報組織も散見される。

社長と社員と社会の代弁者となる

これからの時代の広報は、社長の代弁者だけでは不十分だ。「社長と社員と社会の代弁者」として機能すべきである。

- 社長の代弁者として、ビジョンやミッション、大切にすること、経営に関する情報を発信し、かつ社員や社外からのフィードバックを受信する
- 社員の代弁者として、社員の問題や課題、興味関心や価値観を経営に共有し、社内の「景色合わせ」を図る
- 社会の代弁者として、世の中が自社に対して期待していることを社内に伝達する、自社の取り組みや現状の良し悪しを考えるきっかけを社員に与える

広報は、インターナルコミュニケーション（社内コミュニケーション）とエクスターナルコミュニケーション（対外コミュニケーション）、いわば社内外のコミュニケーションプロデューサーである。マンネリ化した社内報の発行人ではなく、社長の、社員の、社会の代弁者として、手を変え、品を変え、景色を変えして、コミュニケーションを創出し、社員に自社らしい行動を促す、かつ自社のファンを増やすプロデューサーとしての役割を果たしうる立ち位置なのだ。

そのためには、紙媒体の社内報のみならず、イントラネットやインターネットを使ったWeb媒体、動画、ボイスメディアなど、デジタルとアナログのメディアミックスでコミュニケーションのやり方をバージョンアップしてほしい。社員食堂や休憩スペースにデジタルサイネージを設置し、社内ニュースを放映する企業もある。社内に放映設備を設置するためには、総務部門とのコラボレーションが必要だ。

コンテンツにもバリエーションがあったほうがいい。

●社内対談
●社外の有識者のインタビュー記事
●顧客や取引先とコラボレーションした座談会やイベント

このようにさまざまな機会をプロデュースしてみよう。社内に「変わった」感を出し、チャレンジする風土を醸成する。

社内外のファンを創出する

社外の対応も改めたい。メディア対応に受け身、かつどこか偉そうで記者や報道陣に対して上から目線、社内に対しても高圧的な態度をとる古い広報担当者も、残念ながら少なくない。

人事部門と広報部門の距離も縮まってきた。最近では「採用広報」なる言葉も耳にする。入社候補者に自社を知ってもらい、エントリーにつなげる取り組みだ。採用広報とは、まさに人事部門と広報部門のコラボレーションである。Web媒体やSNSを利用するなら、情報システム部門の理解と協力もほしい。人事部門単独、広報部門単独、あるいは情報システム部門単独の提案では、経営者はその投資に対して首を縦に振りにくいかもしれない。しかし、2部門あるいは3部門の共同提案、なおかつそれぞれの部門の課題を解決する提案であれば、経営者も投資判断をしやすいであろう。バックオフィス部門間のコラボレーションは、新しいことをおこなうための予算獲得にもプラスに働くのだ。

ある大手製造業の話をしよう。同社は社内報を刷新し、製造現場で働く社員を取材した特集記事の連載を開始した。壁新聞クオリティではない。プロのカメラマンとライターを起用し、ビジネス誌さながらの質が高くかっこいい記事を制作。取材された社員と部門のエンゲージメントが大いに向上したという。人事部門の「社員のエンゲージメント向上」なる課題解決に、広報部門の取り組みが貢献したのだ。それだけではない。「この特集記事を採用に活用したい」ある日、広報部門は人事部門からそんな相談を受けた。地域の高校に配布し、採用活動に使いたいと。もともと広報部門単独で社内向けに始めた取り組みが、人事部門とのコラボレーションで社外に向けた採用活動にも貢献する形となった。

「社内報にお金をかけすぎだ」社員からはこのようなネガティブな声もあるという。しかしながら、この社内報の特集記事は、社員のエンゲージメント向上のみならず、採用活動にも貢献している。本気の社内報記事が、人事部門と広報部門の2部門の課題、エンゲージメント、採用、自社ブランド向上という3つのマネジメントキーワードを解決したのだ。よって、経営層の反応はおおむねポジティブだ。バックオフィス部門のコラボレーションが、複数のマネジメントキーワードを解決し、活動と投資に対する市民権を得ている好事例といえよう。

広報は自組織のファン創りの中枢である。ブランドマネジメントの中核を担うといっても過言ではない。コラボレーションが経営の武器として求められるこれからの時代、社内外のファンを創出する要（かなめ）の意識でもって取り組んでほしい。

購買 2.0	【おもなコラボ先】 広報部門、経理部門、情シス部門、監査部門

△ひたすら「相見積もり」「コンペ」を繰り返す
△とにかく価格交渉。「一律○%値引き」ルール
△取引先を呼びつける
△煩雑な契約手続き／支払い手続きを社内外に押しつける

○形骸化したルールや慣習をなくす。相手の時間を奪わない
○社外の自社ファンを開拓する（サプライヤーリレーションマネジメント）
○契約手続き／支払い手続きをシンプル化&ペーパーレス化し、社外（取引先）とのコラボレーションを促進する

購買2.0

購買2.0

読者諸氏は、製造業の購買部門にどんなイメージを持つであろうか？　工場内の事務本館の応接コーナーで、白髪交じりの角刈りのベテラン担当者が、大声で取引先をどなりつけて、価格交渉をしている……筆者はそのイメージがいまだに拭えない。さすがに今は高圧的な購買部門や購買担当者は少ないと信じたいが、筆者が社会人になった1998年の時点ではまだそのような旧態依然の購買部門が幅を利かせていた。

コンプライアンス強化に伴い、購買部門の取引先に対する行動や言動はジェントルになってきた一方、統制型（ピラミッド型）ベースのカルチャーや慣習は大手企業を中心にいまだに根強い。

●「相見積もり」「コンペ」がルール化

生産財の調達や行政の調達プラクティスをそのままコピー&ペースト。何を買うのにも、必ず相見積もりの取得やコンペを義務づける。事業部門に、相見積もりやコンペを実施する時間と稼働を発生させる。取引先の負担も大きい（選定されなければタダ働き）。

一般的に、コンペは意思決定がされるまで時間がかかり、その間は事業部門、取引先双方の機会損失に。発注する意思のない相手への相見積もり（いわゆる「当て馬」）やコンペは、無駄な事務作業を発生させ、同じ国内において企業の体力を奪い合う、由々しき行為でもある。相見積もり、コンペを繰り返す企業は、取引先の自社に対するエンゲージメントを下げる。

●価格交渉ありき、「一律10%引き」のような形骸化した値引きルール

価格交渉そのものが取引先に人件費と機会損失を発生させる。その価格交渉をやめたほうが、トータルコストが下がるかもしれない。「一律10%引き」のようなルールを敷くと、取引先は10%上乗せした金額を提示するのみ。まったく無意味なお遊戯会だ。

●取引先を呼びつける

移動時間とコストを取引先に発生させる。その時間が取引先の機会損失に。

●煩雑かつアナログな契約手続き／支払い手続き

重厚長大な意思決定プロセスや、紙ベース、ハンコベース、郵送ベースな手続きが、事業部門と取引先の時間と体力を奪う。テレワークなど場所にとらわれないオープンな働き方も阻害する。

統制型（ピラミッド型）一辺倒かつ取引先を下に見るような慣習や業務プロセスは、事業部門はもちろん、取引先のコミュニケーションコストと機会損失を高め、自社に協力的な取引先を遠ざける。少子高齢化による労働力不足の時代、それは致命的である。

「コンペを辞退する取引先が増えている」

「当社の情報システムの維持運用を委託しているベンダーに値引き交渉をしたら、取引の継続を辞退された」

最近、購買担当者のこのような声を聞くことが増えてきた。当然であろう。取引先も、自社の利益の確保、優秀な人材の獲得と維持に必死である。無駄な仕事や待ち時間ばかりが多く、成長機会を奪われる、かつ価格交渉ばかりしてくる相手に振り回される余裕はない。取引先とて、自社に共感し、より高い対価を払ってくれる相手とビジネスしたいのだ。

業務プロセスを改善し、自社のファンを開拓・維持する

商取引の慣習や業務プロセスが、旧来製造業型（統制型、ピラミッド型）に固定化されすぎてしまっている。

- 煩雑な審査プロセス、重厚長大な契約プロセスをそのまま適用する
- 相手を下請けと見て「指示」「指導」するスタイルをとる

ものづくりの原材料調達や部品調達に最適化されたカルチャーやプロセスを悪気なく続け、コラボレーションをしてくれる相手を遠ざけてしまっているのだ。

これからの購買部門は、そうした社内のあたりまえを疑い、事業部門と社外のビジネスパートナーがスピーディにつながり、スピーディに行動し、スピーディに成果を出せる業務プロセスに変革する主導者である必要がある。

- 形骸化したルールや慣習を改める
- 購買部門自身がオープンになり、社外に出て、自社に共感してくれる「自社ファン」たりうる取引先を探してくる

●時には値上げを受け入れてでも、自社と同じ方向を向いてくれる取引先と息の長いビジネス関係を構築する
●相見積もりやコンペをお願いする時は、協力料や提案料を支払う

業務プロセス改善、自社ファンの開拓と維持、サプライヤーリレーションマネジメント（SRM）……これらを実現できる購買部門の価値は、まちがいなく高い。

社外とのコラボレーションを促進する

購買部門の好事例を紹介したい。次の写真は、あるグローバル企業の購買部門長が、COVID－19蔓延による政府の緊急事態宣言が発令された直後にサプライヤー（取引先）各社に発出したレターである。

特筆すべきは、次の2行だ。

当社向けの見積書・請求書は『貴社の押印・捺印手続き』は必須ではありません

納品書・業務完了報告のメールやオンライン・電話会議での実施のお願い

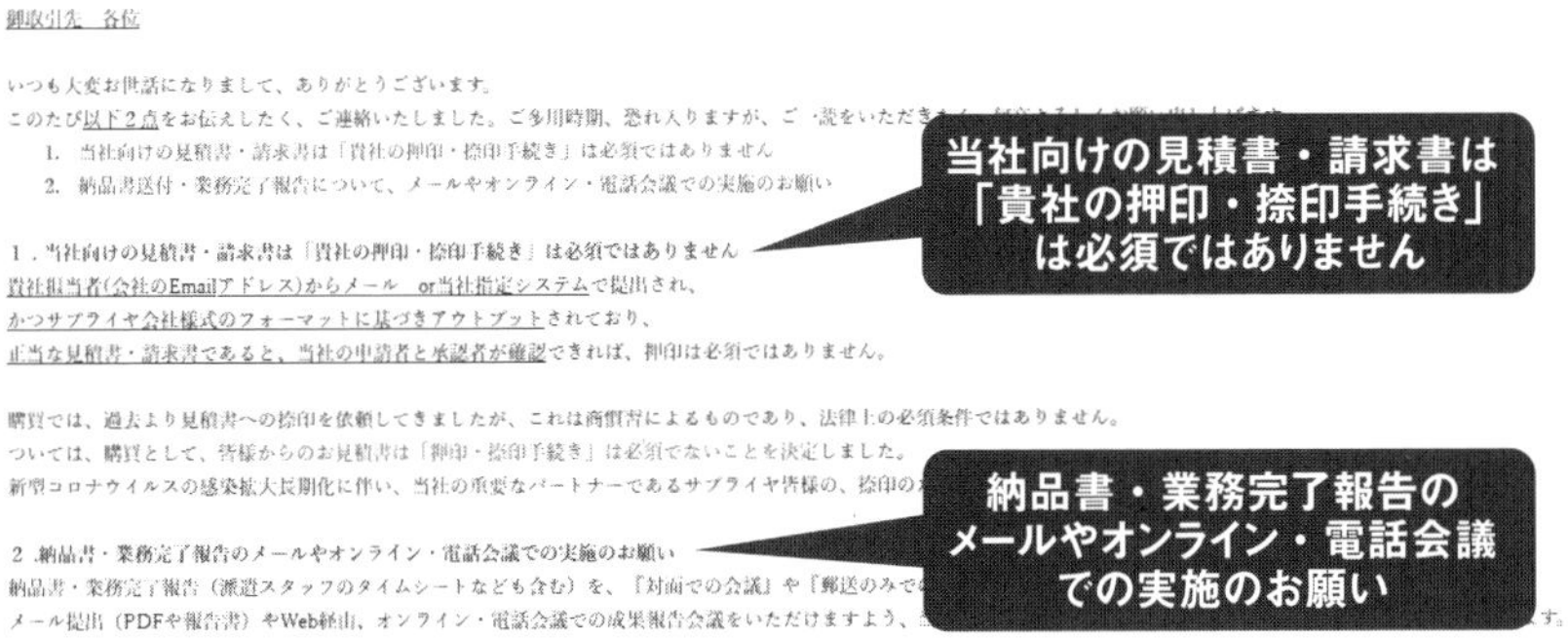

御取引先　各位

いつも大変お世話になりまして、ありがとうございます。
このたび以下２点をお伝えしたく、ご連絡いたしました。ご多用時期、恐れ入りますが、ご一読をいただき

1. 当社向けの見積書・請求書は「貴社の押印・捺印手続き」は必須ではありません
2. 納品書送付・業務完了報告について、メールやオンライン・電話会議での実施のお願い

１．当社向けの見積書・請求書は「貴社の押印・捺印手続き」は必須ではありません
貴社担当者(会社のEmailアドレス)からメール　or当社指定システムで提出され、
かつサプライヤ会社様式のフォーマットに基づきアウトプットされており、
正当な見積書・請求書であると、当社の申請者と承認者が確認できれば、押印は必須ではありません。

購買では、過去より見積書への捺印を依頼してきましたが、これは商慣習によるものであり、法律上の必須条件ではありません。
ついては、購買として、皆様からのお見積書は「押印・捺印手続き」は必須でないことを決定しました。
新型コロナウイルスの感染拡大長期化に伴い、当社の重要なパートナーであるサプライヤ皆様の、捺印の

２．納品書・業務完了報告のメールやオンライン・電話会議での実施のお願い
納品書・業務完了報告（派遣スタッフのタイムシートなども含む）を、『対面での会議』や『郵送のみで
メール提出（PDFや報告書）やWeb経由、オンライン・電話会議での成果報告会議をいただけますよう、

当社向けの見積書・請求書は
「貴社の押印・捺印手続き」
は必須ではありません
納品書・業務完了報告の
メールやオンライン・電話会議
での実施のお願い

ある大企業の購買部門から取引先への依頼メール

政府から国民に対して不要・不急な外出の自粛要請がされる中、紙書類の印刷や押印業務がネックで出社せざるをえない仕事のやり方が露呈し、社会問題に発展した。その状況下での彼女のこの行動は素晴らしい。社内には「行きすぎだ」「そんなことをしていいのか？」と批判的な声もあったという。しかし、彼女は意思を曲げなかった。

日本の組織文化においては、まだまだ買い手（客先）が売り手（取引先）に対して優位である。「お客様は神様」志向の企業も多い。取引先から客先には「電子でお願いできませんか？」「オンラインでいいですか？」と言いにくい（筆者は遠慮せずに言うが）。誠意を見せるために、自らのリスクも顧みずに客先に出向く、気合・根性主義の営業担当者もいる。彼女はそれをわかっていた。だからこそ、相対的に強い影響力を持つ客先から取引先にこのメッセージを発信したのだ。客先から言われれば、取引先もそれに従いやすい。

これこそが、これからの購買部門のあるべき姿ではないだろうか。

取引先を自社ファンにするか、アンチにするか。購買部門の

責任は大きい。時代は取引から共創（コラボレーション）へ。社外とのコラボレーションを促進できる購買部門に生まれ変わろう。

情シス 2.0

【おもなコラボ先】
総務部門、人事部門、広報部門、財務部門

△「費用対効果」「セキュリティ」を言い訳にして現状維持
△一見さんに厳しい社内システム／業務プロセスを放置
△IT 投資の妥当性を経営に説明／進言できない
△なにをやっているかわからない人たち
△取引先や協力会社に横柄／マウンティングする

↓

○経営や社内各部とコラボし、マネジメント課題を解決できる
○見えない業務や技術の価値を説明し、予算／リスペクトを得る
○社内の IT リテラシーを向上する／ IT と情シス部門のファンを増やす
○社内のデジタルエクスペリエンスを創出する

情シス2.0

情シス2・0

個人的に、情報システム部門をバックオフィスに括るのは抵抗感がある。なぜなら、いまやＩＴは経営の武器であり、ビジネスモデル変革をするためになくてはならないインフラストラクチャーだからである。本来、情報システム部門は、経営者と同等あるいは事業部門と対等のパートナーとしてプロフィットを創出する部門に位置づけ、活躍の場を広げるべきだと考えている。

とはいえ現状、日本の多くの組織では、情報システム部門はプロフィットを生まないコストセンター、バックオフィスの位置づけである。戦略部門、プロフィット組織に変革してほしい願いも込めて、情シス2・0の姿を語る。

バックオフィスとITコミュニケーションインフラの両方を変えうる存在

組織の変革を先導できない情報システム部門は、ひとことで言えば「内弁慶」である。費用対効果やセキュリティを言い訳にして、新しいことをやろうとしない。現状維持を決め込む。

「当社ではオンラインミーティングが許されないのです。セキュリティが厳しくて。お手数ですが、ご来社ください」

「オンラインストレージ（ファイル共有サービス）の利用は一切許されないので、メールにファイルを添付してしてください」

「メールで送ることのできない大容量の電子ファイルは、CD－Rに焼いて当社の担当者に手渡し願います」

「ビジネスチャットを使いたい？　メールを使えばいいじゃないか。費用対効果がよくわからないからNG」

「ネットワーク回線の容量が少なく、オンラインミーティングでの顔出しが許されない」

いずれもよく聞く声である。事業部門が新しい仕事のやり方を試したくても、オンラインサービスやクラウドサービスを活用して社外の人たちとスピーディにコラボレーションしたくても、情報システム部門が首を縦に振らない。事業部門は、仕方なくストレスを抱えながら古いやり方を続けるか、情報システム部門に断りなしにこっそり新しいツールを使うか（いわゆる「情シス飛ばし」「シャドーIT」）のいずれかだ。セキュリティ、ガバナンス、コンプライアンスが厳しすぎて、かえってセキュリティリスク、ガバナンスリスク、コンプライアンスリスクを生む、皮肉な連鎖である。

IT投資の妥当性、投資しないことのリスクを経営陣に理解してもらう

もちろん、情報システム投資における費用対効果の検討、およびセキュリティやガバナンスの考慮も重要である。しかしながら、それを理由に新たなITツールの利用を一切認めない、投資を渋るのはいかがなものだろうか？　オンラインミーティング、ビジネスチャット、ファイル共有サービスなどのコミュニケーション基盤やITネットワークは、いまや水道、ガス、電気、電話に並ぶ、事業運営のためのインフラストラクチャーである。水道、ガス、電気、電話に投資するのに、なぜITサービスやネットワークには投資しないのか。過度なコスト削減に走るのか。その経営感覚が絶望的に古い。

IT投資を渋る経営者や情報システム部門長に、声を大にして問いたい。

「あなたは水道、ガス、電気、電話を導入するのに、費用対効果を求めたのですか？」

断言する。バックオフィスとITコミュニケーションインフラの2つは、組織変革の足かせにも後押しにもなる。そして、いずれを変えうるのも情報システム部門なのだ。

IT投資の妥当性、およびITに投資しないことのリスクを経営陣に説明してわかってもらうのも、情報システム部門の役割だ。

「そもそも情報システム部門のプレゼンスが低いから、経営者が聞く耳を持ってくれない」

そんなことを言っているから、いつまでたっても情報システム部門のプレゼンスが上がらないのだ。経営と対等に話ができるようになる、事業部門と対等に渡り合えるようになる。経営や事業部門をデジタルの世界に誘導するファシリテーター役になる。

最新のITツールを使わせない状況は、企業間、あるいは企業と個人とのコラボレーションを阻害し、相手にもコミュニケーションコストを強いる。それだけではない。デジタルツールを使いこなせない、残念な人材を量産する。筆者の肌感覚では、レガシーな大企業や中堅企業の社員で、最新のITツールを使いこなせない人が致命的に多い。これは年齢に関係ない。新入社員でもオンライン会議ツールを使ったディスカッションやグループワークに慣れていない企業もある。会社が利用を規制し、業務の中で使う経験がないのだから当然だ。Zoomを使えない、Teamsも一部のみ、「オンラインファイルストレージを使ったファイル共有？　なんですかそれ」という世界を日々目にしている。クラウドサービスを組み合わせて、ささっと相手とつながり、ささっと情報共有し、ささっと行動できるベンチャー企業やフリーランスの人たちとのコラボレーション力格差は開く一方だ。
やがて、彼ら／彼女たちは、旧態依然の仕事のやり方しかできない企業とは距離を置き始める。本業に寄与しない、調整や事務稼働に時間を取られる相手と取引を続けても、ビジネス機会損失、成長機会損失にしかならないからだ。アナログな前時代的な仕事のやり方は、相手のビジネスリスク、成長リスクを増やす。

デジタル遅れは、そこで働く人たち個人にもリスクをもたらす。考えてみてほしい。昭和時代さながらのアナログな仕事のやり方しかできない人を、採用あるい再雇用したいと思う企業がどれだけあろうだろうか？　セキュリティ偏重、デジタルワーク軽視の組織は、そこで働く人たちのエンプロイアビリティを下げる。これは人生１００年時代、60歳で定年できない時代において、個人にとっても大きなリスクである。

とりわけ大企業や官公庁・行政機関など大きな組織であればあるほど、デジタル遅れの仕事のやり方は致命的である。なぜなら、関わる人たち、すなわち関係人口が多いからだ。グループ会社、取引先、顧客なども含めると、関係人口は相当なものになる。大きな組織が古い仕事のやり方に固執すると、それに合わせなければならない関係組織の仕事のやり方もいつまでもアップデートされない。国全体の生産性低下と膠着状態を招く、由々しき事態である。大きな組織であればあるほど、社会的責任としてデジタルワーク化を進めてほしい。

繰り返す。オンラインミーティング禁止、ビジネスチャット禁止、オンラインストレージ一切使用禁止……これらは組織と個人の健全な成長を阻害する。

見えない業務や技術の価値を説明する、現場に出る

情報システム部門の中だけで、技術者同士で小さく固まっているのも問題である。経営や事業部門から「なにをやっているかわからない人たち」になる。その結果、情報システム部門の取り組みや、投資に対する理解が得られない。

情報システム部門の仕事は、悪気なく見えにくい。たとえば、サーバーやITネットワークの運用保守などの仕事は、我々のビジネスのインフラストラクチャーを守る重要な仕事である。にもかかわらず……

経営や顧客からコスト扱いされる。

労働環境が改善されず、エンジニアのモチベーションが下がる。

優秀な人材や意欲ある人材が離職する。

運用保守の品質が下がる。トラブルやミスが発生する。

ますます情報システム部門のプレゼンスが下がる。

予算が削られる。

そのストレスを、取引先や協力会社にぶつける（弱い者いじめ）。

あなたが所属する組織は、このような負のスパイラルに陥っていないだろうか？　組織としても人としても最低である。

見えない、しかし大事な仕事の価値を正しく説明する。現場に出て、現場の問題や課題を解決できるようになる。最新のＩＴ技術を率先して導入し、経営層や社員のデジタルエクスペリンス（ＩＴの利用体験）を増やす。「ラクになった」「目線が上がった」「少し賢くなった」などの、ＩＴを通じた快感体験や成長体験を創出していく。これらは、情報システム部門のオフィスに閉じこもったままでは実現できない。

「ＩＴ部門はテクノロジーだけでなく、もっと現場を見るべきで、ビジネスを知るべきでしょう」

第2章でも取り上げた、フジテックのＣＩＯ（最高情報責任者）である友岡賢二氏の言葉を再び挙げる。「武闘派ＣＩＯ」の異名を持つ友岡氏は、経営と一体となって「攻めのＩＴ」を推進してきた第一人者である。情報システム部門は、経営、および事業部門と一体となって組織課題の解決やビジネスモデル変革をファシリテートできる集団に変革できなければ、活躍の幅を狭める。

情報システム部門の人材こそ、事業部門に羽ばたいていっていい。経営とＩＴ、事業とＩＴはもはや不可分であり、その密度は濃くなりつつある。経営や事業のフロントで直接価値を出せるＩＴ人材。そのインパクトは大きいし、情報システム部門が「人材輩出職種」として認知されれば、情報システム部門そのものの社内プレゼンス、すなわちブランド価値も高まる。

そのためには、情報システム部門のメンバーにデジタルエクスペリエンスを積んでもらう必要がある。デジタルエクスペリエンスを積んだメンバーが経営層や事業部門の中枢にアサインされ活躍すれば、組織全体のアップデート速度が速まり、健全な組織のバリューサイクルそのものが勢いよく回りだす。そのくらいの気持ちで、人材登用や人材育成、経営や事業部門との接点づくり、活躍機会の創出やジョブローテーションに情報システム部門の幹部は注力すべきである。

社内のデジタルエクスペリエンスを創出する

ＩＴイコール基幹システムと捉えている経営者や情報システム部門長が多いのも気になる。ＤＸを志向する時、基幹システムの刷新ばかりに目がいく。複雑化した基幹システムに手を加えようとして、頓挫するケースも見かける。それに加え、基幹システムの刷新は一般的に時間もかかり、効果も見えにくく、「どこでなにをやっているのかわからない」取り組みになりやすい。また、社員全員が基幹システムを利用するケースは稀であり、刷新による恩恵を直接的に受ける人口は限られる。

その意味でも、基幹システムに手を加えるよりも、まずはコミュニケーション基盤の刷新や導入、あるいは基幹業務をとりまくお金に関係するフロント業務（支払い・請求など）のようなデイリーな業務のデジタル化から着手したほうが得策と考えることもできる。関係人口が多く、社内外の早期のデジタルでのユーザーエクスペリエンスの創出が可能である。「よくわからない基幹システムの刷新より、古いＷｅｂ会議システムや、メールしか許されないコミュニケーション、紙・ハンコ・郵送まみれのバックオフィス業務を早急にナントカしてほしい」と思っている社員は少なくない。

ＤＸ＝Ｄｉｇｉｔａｌ Ｔｒａｎｓｆｏｒｍａｔｉｏｎより、まずはＤｉｇｉｔａｌ Ｅｘｐｅｒｉｅｎｃｅ。小さな不便の解消からでもかまわない。社内のデジタルの快感体験、成長体験を増やす――それがＩＴに投資する市民権と情報システム組織のプレゼンスを上げる1丁目1番地かもしれない。

その意味では、まずガチガチすぎるセキュリティポリシーを緩和するところから始めてみてはいかがだろうか。ビジネスチャット禁止、オンラインストレージ利用禁止、Ｚｏｏｍ／Ｔｅａｍｓの利用制限を撤廃するのだ。メール、電話、ＦＡＸ、および対面ベースのコミュニケーションから脱却し、オンラインミーティングとビジネスチャットとオンラインファイルストレージでなめらかに仕事をするユーザーエクスペリエンスを社内に創出する――まずはそこから始めよう。


情報システム部門だけに責任を押しつける組織風土にも問題がある。何度も繰り返すが、ＩＴは経営と表裏一体なのだ。ＩＴにリスクはつきものである、そのリスクや責任を情報システム部門だけに押しつけるのではなく、ともにリスクをとる。ともにチャレンジする。それが情報システム組織のマインド、ひいては組織全体のカルチャーのオープン化を後押しする。

法務2・0／監査2・0

法務 2.0 ／監査 2.0

【おもなコラボ先】
監査法人、会計士、税理士、関係当局

△一度決めたルールを守らせる
△ルールや手続きを増やす

↓

○時勢や環境に合わせ、ルールを柔軟に運用する／緩める
○コラボレーションの邪魔をする／人のモチベーションを下げるルールや手続きを減らす
○テクノロジーに敏感になり、IT による代替を許容する

法務2.0／監査2.0

法務部門や監査部門も、その企業組織全体の俊敏性や柔軟性を大きく左右する重要な立ち位置である。

リスクを恐れるあまり、社内をルールでガチガチに縛り、オープンな動きを阻害する。

現状のルールありきで、理不尽な商習慣や業務プロセスを改めようとしない。それどころか、堅苦しいルールを増やす。契約書の条文チェックや条文交渉に、1か月も2か月もかける。

そのような法務担当者は、残念ながらビジネス感覚を欠いているといわざるをえない。社員のオープンな行動や、外部のビジネスパートナーとのスピーディなコラボレーションを

阻害するからだ。スピード感のない組織は、スピード感のあるビジネスパートナーからやがてそっぽを向かれる。

時勢や環境に合わせ、ルールを柔軟に運用する／緩める

旧態依然の監査部門は、悪気なく煩雑な間接業務を増やす、あるいはやめようとしない。紙ベース、ハンコベース、郵送ベースの事務作業やアナログなチェック業務を増やし、事業部門や取引先の時間と気力と体力を奪う。監査のための監査業務の増大は、だれも幸せにしない。法務部門や監査部門がオープンな仕事のやり方に適応できるかどうか、デジタルワークシフトできるかどうかは、組織の今後の成長と発展を決定づける。

時代にそぐっていないルール、とりわけ内規と呼ばれる内部規則は疑って改めるべきである。時代にそぐっていないかどうか、違和感を持つためには、事業を知ること、外を知ることが必要だ。法務部門こそ、事業の最前線に出ていき、なおかつ外に出て健全な違和感を持つよう行動してほしい。改革肌の弁護士や税理士とコラボレーションし、古いあたりまえを疑い、組織が安心してコラボレーション、イノベーションできるよう形骸化したルールをアップデートする——それが組織を健全化する。

業務のデジタル化／オンライン化に取り組む

最近では、契約書の条文チェックなどのオペレーションを支援するＩＴサービスが出始めている。ＡＩや機械学習が、条文のチェックや修正をサポートしてくれるのだ。事業の動向、テクノロジーを含む世の中の動向に敏感に反応し、組織のアップデートを後押しできる法務部門は、まちがいなく「価値ある番人」である。

監査対応業務をフルオンラインで実現している企業もある。以下は、あるグローバル企業の事例である。

- 監査法人と監査部門との定例会は、Ｚｏｏｍで実施
- 監査法人と監査部門の日々のコミュニケーションはＳｌａｃｋでやりとり
- 監査証跡資料（エビデンス）はＢｏｘで共有

この企業の監査項目は、１２００に渡る。１２００もの監査項目に対し、監査証跡を紙でやりとりしていてはたまらない。事業部門も監査部門も、印刷やファイリングで忙殺される。証跡資料そのものをＰＤＦファイルなど電子化したとしても、メールでやりとりしていてはたちまちカオスになる。

監査項目ごとのフォルダをオンライン上に設置し、監査法人の担当者にアクセス権限を付与
↓監査部門や事業部門がそこに電子化された監査証跡を格納
↓格納した旨をSlackで連絡
↓監査法人の担当者が監査証跡を取得

この流れにより、監査部門も事業部門も「紙地獄」「長時間労働」から解放された。監査法人側のメリットも大きい。毎回、監査先の企業を訪問し、夜遅くまで紙作業に追われる現状は、ヘルシーとはいえない。長時間労働や休日出勤を常態化させる。コロナ禍において移動の自粛が求められる昨今、出張やクライアント先での常駐作業もなるべく避けたい。監査業務のデジタル化・オンライン化は、クライアント企業も監査法人をも幸せにするのだ。

情報システム部門と連携する

一方で、課題もある。ある監査法人の担当者は、企業の監査業務のデジタル化／オンライン化を妨げる要因として、次の2つを挙げている。

- 情報が紙でしか存在しない
- 監査部の「できない」思い込み

監査証跡となりえる情報が紙でしか存在しなければ、デジタル化／オンライン化は難しい。紙情報をPDFに変換するにしても、スキャンするための稼働が発生する。そもそも事業のトランザクションや意思決定がすべてオンラインでおこなわれていれば、わざわざプロセスやデータをデジタル化する必要がない。あらゆる行動や結果はすべてオンライン上に記録され、データとして取得および利活用可能な状態になるからだ。すなわち、監査証跡を取得するための「電子化」なる行為が発生しない。当面はPDF化で対応するにしても、業務プロセスのデジタル化、ワークフローのデジタル化に取り組みたい。

一番のハードルは、監査部の思い込みだという。監査部が「オンライン対応なんて不可能」と思い込んでいるのだ。その背景には、次の2つの要因が挙げられる。

- 監査部がIT技術やトレンドに疎い
- 監査部門と情報システム部門の交流が薄い

情報システム部門はオンラインで実現できる方法を知っているものの、そもそも監査部が困っていることを知らない。それでは、監査業務のデジタル化、オンライン化は夢物語である。情報システム部門とのコラボレーションで、監査業務そのものをスマートにし、ポジティブに解決していきたい。

経理部門と同様、監査部門もためしにワーケーションをしてみてはどうだろうか？　自らオープンな環境に身をおけば、紙ベースの場所に固定化された働き方の不便さを実感し、デジタル化を推進するモチベーションが生まれる。

法務そのもの、監査そのものを目的化してはいけない。組織共通のゴールはビジネスモデル変革である。変革を後押しする法務部門、監査部門は社内外のプレゼンスも上がり、自らの活躍機会も健全な形で増える。

社労士2.0、税理士2.0、会計士2.0、弁護士2.0

アップデートをあきらめた専門家は、成長したい経営者からやがて見放される

社会保険労務士、税理士、公認会計士、弁護士……いわゆる士業と呼ばれる職種の専門家も、企業と社会をアップデートする重要な役割を担う。コラボレーションが企業の経営戦略、生き残り戦略の武器になりつつある時代、アナログな古いやり方を顧問先に強要あるいは助長する専門家は、組織の健全な成長を阻害する害悪である。

「テレワークを導入したい。人事制度を変えたいのだが、顧問社労士が保守的で、前向きなアドバイスをもらえない」

「経理業務や決算業務。紙やハンコや郵送を伴う業務を減らしたいのだが、税理士や会計士の考えが古くて、アナログな仕事のやり方を続けざるをえない」

「当社の顧問弁護士。ITリテラシーが低く、オンラインで相談したいのに拒否される。こちらも

忙しく、移動する時間がないのに……」

いずれも、企業の経営者から見聞きする嘆きの声である。アップデートをあきらめた専門家は、成長したい経営者からやがて見放されるであろう。

● 世の中の実態やトレンド、組織の困りごとに合わせてルールを解釈し、柔軟に運用する
● 理不尽なルールに対し「おかしい」「変えてくれ」「やめてくれ」と関連当局に声を上げる、働きかける

過去ベクトルで既存のルールを正当化するのではなく、未来の発展ベクトルの「健全な正義感」に基づいた行動を期待したい。

テクノロジードリブンな士業へ

なにはともあれ、デジタルワークシフトがバリューサイクル・マネジメントの1丁目1番地である。デジタル発想のない、あるいはデジタルを使ったスマートな働き方に対応できない専門家には退場願いたいし、企業側も距離を置いてほしい。筆者の知人で、アナログなやり方に固執する顧問税理士や顧問弁護士との契約を打ち切り、デジタルに積極的な税理士、弁護士に替えた経営者がいる。じつに

健全である。クラウドサービスなどテクノロジーやＩＴサービスを使いこなして価値提供をするテクノロジードリブンな士業も増えつつある。そうした先進的な人たちとコラボレーションし、組織のアップデートを加速させよう。

政府2・0、官公庁2・0、行政2・0

政府、官公庁、行政も2・0に変革しなければならない。彼ら／彼女たちが決める施策、法制度、行政手続きなどが、民間企業や我々国民そのものの意識や行動に大きく影響するからである。「働き方改革」「DX」など大げさなマネジメントキーワードを言い放って、民間企業や国民に丸投げ。涼しい顔をしていいわけがない。高尚なスローガンだけを掲げて、個人の気合・根性にすべてを押しつける戦前のニッポンと何ら変わらない。「自分たちは変わりません」は通用しないのだ。

改革とは、すべてのステークホルダーが等しく変わることを意味する。

「政府は変わりません」
「法律も変わりません」
「官公庁も変わりません」
「行政はいままでの体裁を保ちます」

そんなことはありえない。

先進産業やそれを支える産業の人たちが本来価値創出にフルコミットできる環境をつくる

健全な組織のバリューサイクルの対象を、日本全体と捉えてみよう。政府、官公庁、自治体は、いわば国や地域のバックオフィスである。民間企業のバックオフィス部門と同様に、国や地域のバックオフィスたる政府や官公庁や自治体も正しくアップデートしなければならない。

ものづくり大国日本の時代は終わった。生産拠点は海外にシフトしつつある。これから日本はどこで勝っていくのか？　これを国全体で真剣に議論し、勝てる領域で正しく勝っていけるよう「勝ちパターン」を言語化し、実現していく必要がある。国ぐるみでのデジタル化を推進し、企業、行政、教育機関、政府、個人などあらゆるレイヤーの組織や人が健全かつスピーディに相互にコラボレーションできるよう、仕組みや制度の面で後押ししなければならない。

産業保護も大事だが、斜陽産業を正しくシュリンク（縮小）させ、人材を先進産業にシフトするようデザインおよび教育などの支援をするのも、政府、官公庁、行政の責務であろう。少子高齢化の労働力不足が加速する時代、斜陽産業は冷遇し、先進産業へのシフトを促す。それくらいやらないと、日本全体の活力が失われ、沈没する。先進産業やそれを支える産業の人たちが、プロとして本来価値創出にフルコミットできる環境をつくる。それができるのが、政府であり、官公庁であり、行政なのだ。

アナログベースの事務作業や慣習をなくす

アナログな仕事のやり方も問題だ。とにもかくにも、日本は事務作業が多すぎる。「事務作業大国ニッポン」といっても過言ではない。

- 納税などの手続きや、行政手続きがいっこうに楽にならないマイナンバー制度
- 確定申告や年末調整の対応
- 結婚、転居、死亡などライフステージの変化に伴い発生する事務手続きの嵐
- 根強く残る、紙ベース、押印ベース、郵送ベースの商慣習
- 紙まみれ、深夜労働をも強いる国会運営

マイナンバー制度は、本来は納税や行政の手続きなどをラクにするための取り組みだったはずだが、実態はそうはなっていない。むしろ、個人が事業者にマイナンバー情報と身分証明書の写しを提出させる業務など、無駄な手続きを増やしてさえいる。その手続きも、事業者ごとにやり方が異なり、非効率極まりない。すべて同じ、かつデジタルでスマートな最もラクなやり方に統一させるべきである。マイナンバー情報の収集方法に事業者（企業）ごとの個性を出す意味などないのだから。

確定申告や年末調整も、国民の時間と気力を大きく奪う国民行事だ。毎年、多くの国民が、申告書

類の作成に時間と気力を奪われる。保険会社から郵送されてくる控除証明書の写しを、用紙に糊づけして添付し、提出させられる。いったいこの国はいつまで、いい歳をしたオトナに郵送物の切り貼りのような工作作業をさせるのであろうか。とても令和の時代の光景とは思えない。

国会など議会の運営にも問題が山積みだ。紙の資料に固執する我儘な議員がいるがゆえ、議会のデジタル化がまったく進まず、行政職員が資料準備や印刷業務に忙殺される。答弁が終わるまで待機するだけの長時間労働が減らない。そのような悲痛の叫びを、霞が関や地方行政の現場から聞いている。そのコミュニティにアナログなやり方に固執する人が1人でもいると、全体のデジタル化やスマート化がまったく進まなくなる。

こうしたアナログな仕事のやり方やカルチャーは、「義務」の名のもとに国民にタダ働きを強いているのはもちろん、各々がプロとして本来価値を発揮する時間や気力を奪い続ける。これらの業務に携わる、本来優秀な公務員や民間企業の人たちの活躍機会や成長機会を奪う。

アナログな仕事のやり方は、データ活用による効率化や付加価値創造の面でも問題だ。口伝で引き継がれているノウハウ、紙ベースの業務オペレーション、口頭の意思決定や助言……これらの情報はデータとして残らない。データとして残らないから、分析も利活用もできない。どんなに優秀なＡＩや機械学習の仕組みを採用しても、そこにデータがなければ無用の長物である。まずは、みんながデジタルの世界で行動すること。それこそ、ＤＸの1丁目1番地である。

このように、アナログな事務作業や慣習は、国力全体を下げる由々しきものだ。「慣れた不便を放置し、みんなで苦しむ」その現状を不健全だと思って行動しなければ、社会は正しく発展しない。エストニアのように電子情報を連携させ、国民のライフステージの変化に伴う行政手続きや公共サービス・金融機関の変更手続きなどもオンラインかつワンストップでできるようにする。商取引はもちろん、議会の運営などもデジタルベースにする。そのためには、まずはアナログベースの事務作業や慣習をなくすための促しが必要である。

- 紙ベース、押印ベース、郵送ベースのオペレーションを続ける企業には、税制冷遇などのアナログペナルティを課す
- 下請法の内容を刷新し、本来価値創出に寄与しないアナログかつ煩雑な事務手続きを課す事業者を公表する、または罰す

いずれも、政府、官公庁、行政だからこそできる取り組みであろう。

こうしてすべてのステークホルダーが2・0にアップデートする。新しい価値や役割を、お互い言語化し、お互い期待しあう。その議論とアップデートのために、健全な組織のバリューサイクルを是非とも活用してほしい。

バックオフィス改革を進める5つのポイント

以上、政府・官公庁・行政をも含むバックオフィス機能のこれからの姿、バックオフィス2・0をひも解いてきた。いずれのバックオフィスも、自身の価値と役割を見直し、組織全体が健全に機能しうるようアップデートする必要があることはおわかりいただけただろう。

そして、バックオフィスもまた、部門単体、職種単体での問題解決や価値創出が困難な時代である。人事部門と広報部門のかけ合わせで「採用広報」なる勝ちパターンが生まれているように、バックオフィス同士のコラボレーションが新たな価値を生む。

- そのマネジメントキーワードを解決するためには、だれとコラボレーションすればうまくいくか？
- コラボレーションすることで、どのマネジメントキーワードを解決しうるか？　あるいは、どんな価値を新たに創出しうるか？

部門内、あるいはバックオフィスの部門長や担当者同士で大いに議論しようではないか。そうして、コラボレーションが解決する問題や課題を経営者と景色合わせしてほしい。経営者も、人事部門や広報部門などバックオフィス単独に予算をあてがうよりも、複数のバックオフィス部門で共同提案をしてくれたほうが予算をつけやすいかもしれない。

その際、デジタル活用は避けて通れない。情報システム部門などのＩＴ組織を巻き込み、あるいは自組織が自らＩＴリテラシーを身につけ、またはＩＴに長けた人材を登用して、バックオフィスの価値を上げていこう。

最後に、バックオフィス改革を進めるための５つのポイントを示す。

①トップのコミットメント

なにはともあれ、トップのコミットメントが最も大事だ。

今までのあたりまえを疑い、体制や仕事のやり方やアップデートする。

中間管理職やメンバーを育成する。

改革に否定的な中間管理職には厳しい対応をする。

自ら、経営、ほかのバックオフィス部門、事業部門や社外の専門家と接点を持ち、コラボレーションを仕掛ける。

トップが本気にならなくては、いかなる組織も変わらない。

②ジョブローテーション

同じメンバーで同じ仕事をしていては、日々のあたりまえに潜む無理や無駄に悪気なく気づかない。自分の仕事が前工程や後工程にどのような影響を与えているのか、考える機会すらない。あるいは、前任者に気を遣って「おかしい」「変えましょう」とも言い出しにくくなる。

バックオフィスこそ、アップデートの自浄作用を促す意味でも、ジョブローテーションを計画的におこないたい。

- バックオフィス内部でのジョブローテーション（経理と総務と広報など）
- バックオフィスと事業部門とのジョブローテーション

いずれも、バックオフィスの血の流れをスムーズにする。

③「ちょっとＩＴがわかる」人材の育成・登用

- クラウドサービスを組み合わせて、業務を効率化できる事務スタッフ

●ＲＰＡを使って、手作業を自動化する総務担当者

このような「ちょっとＩＴがわかる」人材を育成あるいは採用しよう。このような人材が、半径5メートル以内の問題・課題の解決をＩＴを使って進め、組織の景色を変えることがある。その組織の実態もわからず、バックオフィスの業務の知見がないＩＴの専門家を入れるよりも、地に足の着いた業務改善が促進されるし、「自分たちでできる」という成功体験が組織の中に醸成される。いきなりＩＴベンダーなどに参画願うと、大げさなシステム導入を提案してきたりと、コストも時間もかかり、組織の中にＩＴを使った成功体験が生まれにくくなることがある。

部門長や管理職は、「ちょっとＩＴがわかる」人材が不自由なく活動できるよう、育成への投資や環境整備をし、正しく評価をすること。さもないと、「ちょっとＩＴがわかる」人材はその組織に愛想を尽かせて（エンゲージメントを下げて）、改善体験とスキルを武器に、他社に羽ばたいていく。

④ＩＴ技術人材の登用

ＩＴエンジニアなどＩＴ技術に長けた人材をバックオフィスに登用するのも手だ。筆者は、日本の事務作業大国が解消されない一因に、事務の現場におけるＩＴ技術系人材の少なさ、あるいは活躍しきれていない現状があると捉えている。

プロの事務員集団は、悪気なく煩雑な事務作業を増やす、あるいはなくそうとしない。慣れている

ため、その作業の煩雑さや非効率さに気づかないのだ。事務のベテランの考える「これくらいできるでしょ」は、往々にして事業部門や社外の一般人にはハードルが高い。新しいテクノロジーやＩＴサービスへの感度が高く、かつ無理・無駄を仕組みで解決できるＩＴ技術人材は、バックオフィス業務のリエンジニアリング（再構築）を進める武器になりうる。

ＩＴ技術人材は、できれば複数名登用したい。１人だけでは、まわりにＩＴ技術者の感覚や言葉をわかってくれる人がおらず、孤立してしまう可能性があるからだ。管理職がそのＩＴ技術者を正しく育成、評価できず、傷ついて辞めてしまうケースもある。最低２人、できればそれ以上の人数のＩＴ技術人材をアサインし、彼ら／彼女たちが市民権をもって活動できるよう組織運営したい。

⑤外の風を入れる

自らを井の中の蛙にしない。そのために、外の風を積極的に入れよう。

- 転職者を登用する
- 外部の研修やフォーラムに参加する
- 外部の専門家を招聘し、講演や勉強会をおこなう
- 本を読む

いずれの方法でもかまわない。最近では、オンラインのセミナーやコミュニティなど、自社や自宅に居ながらにして参加できる学びの場も増えてきた。いままで地理的ハンデのあった地方都市の企業の人たちでも、世の中のトレンドに触れたり、業界他社や異業界の同職種の人たちと交流しやすい。オンラインの機会も積極的に活用し、組織と人材をアップデートし続けよう。

旧態依然の変われないバックオフィスは、組織の成長を阻害する。一方、進化できるバックオフィスは、組織の成長を牽引する。自社のコラボレーションを促進し、自社ファンを増やすことは、自社のブランド価値向上を意味する。バックオフィスこそ、2・0にアップデートしよう。

自身をアップデートできるバックオフィスは、部門の社内プレゼンスはもちろん、そこで働く人たちの価値も高い。あたりまえを疑う感覚が備わっているからだ。業務を改善する経験やスキルが備わっているからだ。デジタルで仕事をするリテラシーやスキルが備わっているからだ。なにより、オープンなマインドが備わっているからだ。こういう人材は、市場価値が高く、どこへ行っても活躍しうる。

最後に、バックオフィスの部門長に2つの質問を投げかける。

あなたは、あなたの部下は、ほかでも通用する人材になりえますか？

あなたは、あなたの部下は、10年後、20年後、30年後……好待遇で再雇用される人材になりえますか？

第5章

組織のあり方を変える
～統制型からオープン型へ

いま、時代は大きな過渡期にある。少子高齢化、労働人口減少などの社会問題、ＡＩや機械学習を始めとするＩＴテクノロジーの進化、大型化する台風や震災およびコロナ禍などの環境変化。これらさまざまな変化の渦の中で、いかなる組織も柔軟な変化と進化が求められる。これまでの組織の勝ちパターンが通用しない局面になりつつある。

これまでの日本の組織の勝ちパターン、これからの勝ちパターンとは、どのようなものか？　時代の変遷を追うとともに、制度、マネジメント、コミュニケーション、組織カルチャー、仕事の進め方などさまざまな観点で論じてみたい。

これまでの製造業型マネジメントモデルの限界

週5日×8時間（以上）同じ場所で働くことのできない人たちが割を食う

日本の組織のこれまでのマネジメントは、統制型（ピラミッド型）に最適化されてきたといえよう。統制型とは、言い換えれば製造業に最適化されたモデルである。日本は過去およそ60年に渡り、製造業すなわちものづくり産業を中心にめざましい発展を遂げ、国と国民に大きな富をもたらしてきた。一方で、マネジメントも職場環境も、製造業およびものづくりの現場の労働集約的な働き方に最適化されすぎてしまった。その結果、組織およびそこで働く個人を、時代の変化に柔軟に対応しにくく硬直化させてしまっている。

- 雇用形態の多様化（正社員、契約社員、派遣社員、外部パートナー、フリーランスなど）
- 働く場所の多様化（テレワーク、リモートワークなど）
- 働く人のライフステージの多様化（育児、介護、資格取得、社会人大学院への通学など）

●働くスタイルの多様化（ワーケーションなど）
●「働く顔」の多様化（複業、パラレルキャリア）
●職種やスキルセットの多様化（マーケター、データサイエンティスト、ITアーキテクトなど）

あらゆるものごとが多様化している。しかしながら、統制型、製造業型のマネジメントモデルでは、これらの多様化に対応しきれない。さまざまな歪みを生じさせているのだ。くわしくは後述するが、旧来製造業型の統制型モデルは、「週5日×8時間（以上）、同じ場所で」働くことを前提としている。労務規定しかり、評価制度しかり、コミュニケーションの仕方しかり、情報システムしかり、組織カルチャーしかり、ひいては年金や健康保険などの社会保障制度もしかりである。その結果、「週5日×8時間（以上）、同じ場所で」働くことのできない〝例外的〟な人たちは割を食う。どんなに能力や意欲が高くても、旧来の統制型のマネジメントモデルが足かせとなって冷遇されるか、活躍機会を与えられないのだ。

オープン型のマネジメントを取り入れた新たな「勝ちパターン」が必要

世界に目を向けると、2020年現在、いわゆる「GAFAM」[※1]と呼ばれるITテクノロジー新興

※1　Google、Apple、Facebook、Amazon、Micosoftの5社の頭文字をとったもの。GAFAM5社の時価総額合計は、東証1部約2170社を上回った（2020年5月現在）。

企業が世の中を席巻している。これらのスタートアップ企業の多くは、起業家マインドや技術をもった学生たちが倉庫に集まってトライ＆エラー、共感した投資家が資金面の支援をしつつスケールアウト（事業拡大）する「この指とまれ」のオープン型（コラボレーション型）のスタイルといえよう。このようなスタートアップ企業は、その生い立ちから「ガレージベンチャー」とも称される。そして、彼ら／彼女たちの多くは、メガベンチャー（巨大なベンチャー企業）となった今も、オープンなコミュニケーションとコラボレーション（協業、共創）を重視したマネジメントを展開している。[※2]

筆者は、決して日本の旧来製造業型の統制型（ピラミッド型）マネジメントを否定しているのではない。いわんや、ＧＡＦＡＭのようなメガベンチャーを崇拝しているわけでもない。もはや製造業型に傾倒しすぎた社会モデルは「過去の勝ちパターン」になりつつあることを指摘したいのだ。いまだかつてない変化の時代において、自組織のビジョンや理想や問題意識に共感する人と、オープンにつながって新たなビジネスを創出したり既存の問題や課題を解決するオープン型のマネジメントモデルが合理性を帯びつつある。これまでの日本の経済発展を支えたものづくり型のマネジメントとカルチャーに最大の敬意を表しつつ、そろそろ部分的にでもオープン型のマネジメントにシフトしていく必要があると強く提起したい。

これは、何も筆者だけが１人で騒いでいるのではない。経団連（一般社団法人 日本経済団体連合会）会長の中西宏明氏は、２０１９年12月23日の定例記者会見で次のように述べている。

※2　Ｍｉｃｏｓｏｆｔのコラボレーションを軸としたマネジメントは、拙著『職場の科学　～日本マイクロソフト働き方改革推進チーム×業務改善士が読み解く「成果が上がる働き方」』（文藝春秋）を参照。

機能・品質に優れたコモディティ、サービスを広く内外に提供して稼ぐビジネスモデルから、顧客と共に考え付加価値を提供するモデルに転換していく日本企業が増えていけば、おのずと日本経済全体の発展につながっていくと期待している。

新卒一括採用・年功序列・終身雇用をセットとする従来の日本型雇用システムでは、こうした転換に対応できる人材は育ちにくい。企業における雇用形態の変化と社員のエンゲージメントの向上が一体となって進んでいくようでなければいけない。こうした中、これまでの日本型雇用システムだけというわけにはいかず、ジョブ型雇用などを組み合わせていくことになるであろうし、それが雇用流動性を高めることにもなる。実際、企業は経済価値・環境価値・社会価値を重視しており、社員にしても、自分の仕事が社会に貢献しているとの認識が充実感や、やる気につながる傾向が強い。この変化をよく踏まえ、労使間でも議論を深めていく必要がある。

（『定例記者会見における中西会長発言要旨』　２０１９年12月23日　一般社団法人 日本経済団体連合会）

https://www.keidanren.or.jp/speech/kaiken/2019/1223.html

言い換えれば、従来の産業構造とそれに基づく労働制度、マネジメントの仕方、組織風土のあり方などを見直す時期に来ていると読み解くことができる。組織で働く人たちのエンゲージメントについて触れているのも興味深い。

トヨタ自動車は、ソフトバンクやNTTなど通信業界のトップ企業との協業を加速させている。トヨタであっても、もはや自社単独、自業界のピラミッド構造単独ではMaaS（Mobility as a Service）に代表される新たなビジネスモデルを創出するのが難しい時代なのである。自前主義に走るのではなく、業種や職種を越えてプロとプロとがオープンにつながって（＝コラボレーション）、かけ合わせによって新たな価値創造をし、既存の問題・課題を解決する（＝イノベーション）。何でもかんでも内製でなんとかしようとすると、時間もコストもかかる。そうこうしているうちに、世界の先進企業はとっととコラボレーションして、とっととイノベーションする。そうして、日本の旧態依然の組織は大きく水をあけられてしまう、いや、すでに大きく水をあけられている。

次の表を見てほしい。これは、1989年（平成元年）と2020年（令和2年）の世界の企業時価総額ランキングである。見てのとおり、1989年時点では、トップ20のうち14社を日本企業が占めている（NTT、日本興業銀行、トヨタ自動車、日立製作所、松下電器、東芝など）。一方、2020年はどうかというと、トップ20に日本企業は1つもない。49位にようやくトヨタ自動車が登場するに留まっている。

生産性の面でも、日本は劣勢に立たされている。次の図は、日本生産性本部が2018年に公表した、世界における労働生産性の比較データである。この調査によると、日本の労働生産性はOECD加盟国36カ国中21位、G7の7か国中では断トツの最下位である

世界時価総額ランキング（平成元年）

順位	企業名	国名
1	NTT	
2	日本興業銀行	
3	住友銀行	
4	富士銀行	
5	第一勧業銀行	
6	IBM	
7	三菱銀行	
8	エクソン	
9	東京電力	
10	ロイヤルダッチ・シェル	
11	トヨタ自動車	
12	GE	
13	三和銀行	
14	野村證券	
15	新日本製薬	
16	AT&T	
17	日立製作所	
18	松下電器	
19	フィリップ・モリス	
20	東芝	

世界時価総額ランキング（令和2年）

順位	企業名	国名
1	アップル	
2	サウジアラムコ	
3	マイクロソフト	
4	アマゾン・ドット・コム	
5	アルファベット	
6	テンセント・ホールディングス	
7	テスラ	
8	フェイスブック	
9	アリババ・ホールディングス	
10	台湾積体電路制造	
11	バークシャー・ハサウェイ	
12	サムスン・エレクトロニクス	
13	ジョンソン&ジョンソン	
14	貴州茅台酒	
15	ウォルマート	
16	JPモルガン・チェース	
17	ビザ	
18	エヌビディア	
19	ネスレ	
20	ユナイテッドヘルス・グループ	

世界の企業時価総額ランキング　1989年（平成元年）と2020年（令和2年）の比較

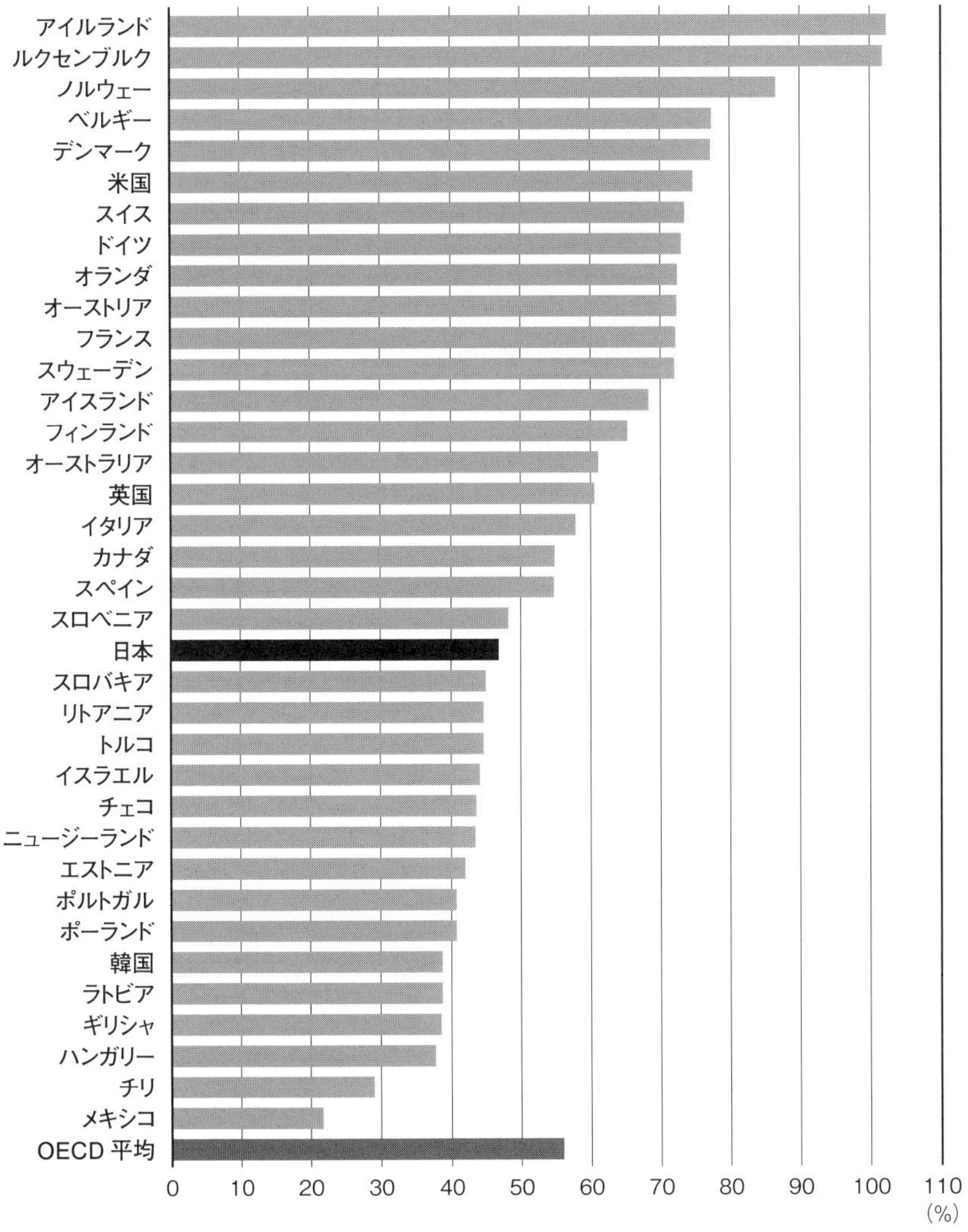

OECD加盟国の時間あたりの労働生産性（2018年）

雇用、エンゲージメント、ビジネスモデル、生産性……さまざまな側面において、日本旧来の製造業型、統制型オンリーのマネジメントはもはや限界なのだ。過去60年続いた勝ちパターンは、もはや勝ちパターンではなく、時代の潮流や要件にそぐわず、不具合すなわちバグ（瑕疵）を生じさせ続ける。このままでは、国と国民が、沈みゆく船とその乗組員になりかねない。過去の勝ちパターンへの執着は、現在や未来の負けパターンをもたらす。「日本のカルチャーだから」「当社は大企業だから」「ウチは製造業だから」「地方都市だから」と思考停止せず、大企業であっても部門ごとに、製造業の企業であっても職種や専門性単位でなど、部分的にでも、できるところからオープン型のマネジメントを取り入れた新たな「勝ちパターン」を追及し、実現していく必要がある。

統制型とオープン型、各々のモデルの違いをより詳細に見ていく。

統制型とオープン型の違い

統制型（ピラミッド型）とオープン型のモデルそれぞれの特徴とはどのようなものか。ここでは大きく、体制・環境、行動様式、マネジメント、コミュニケーション、情報共有、制度・風土、仕事の進め方の7つの面で、2つのモデルの違いを見ていこう。

次の図を参照されたい。これは、筆者が統制型（ピラミッド型）とオープン型の違いを説明するために作成した図である。筆者は2020年より、数々の講演やメディア取材などでこの図を用いて時代の過渡期、および求められるマネジメントや環境を説明している。既刊の著書でも解説しており、しつこいと思われるかもし

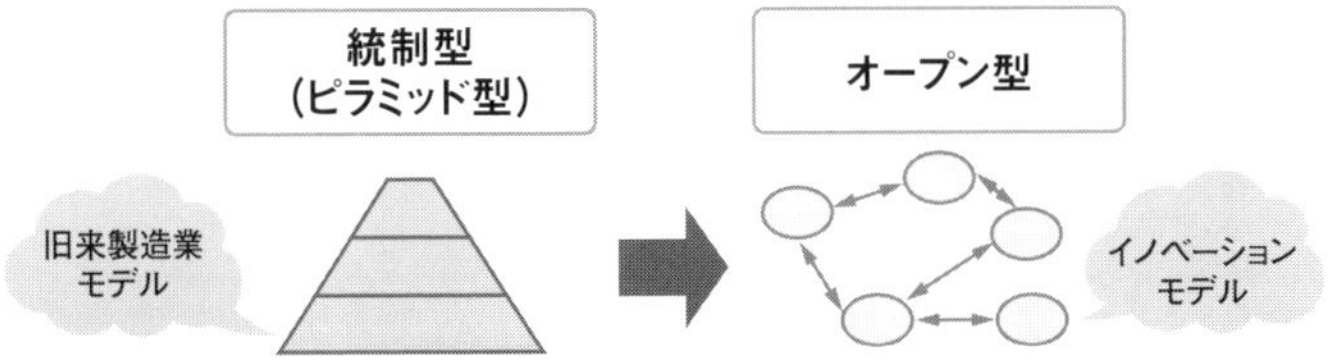

体制・環境	トップダウン型	コラボレーション型
行動様式	ルールありき	ビジョン／ゴールありき
マネジメント	統制管理型	権限移譲型
コミュニケーション	ホウレンソウ	ザッソウ
情報共有	クローズ・逐次共有	オープン
制度・風土	横並び主義	違いを認めあう／活かす
	失敗を許さない	トライ&エラーが評価される
仕事の進め方	ウォーターフォール型	アジャイル型

統制型モデルとオープン型モデル

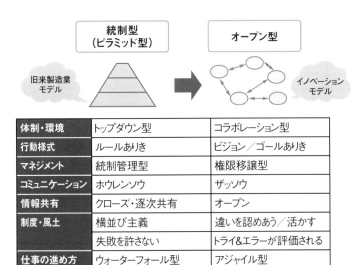

れないが、これからの時代に必要なマネジメントを議論するうえで、基軸となるフレームワーク（考え方の枠組み）となるため、おつきあい願いたい。なお、これまでの講演やメディア、既刊書に掲載した図と一部異なる箇所があるが、有識者とのオープンな議論や時代の変化にあわせてアップデートを重ねているものであり、その点ご容赦いただきたい。

繰り返しになるが、どちらが正しくてどちらが正しくないかの綱引きを煽りたいわけではない。統制型（ピラミッド型）とオープン型（コラボレーション型）、いずれのスタイルにも合理性はある。

体制・環境　～トップダウン重視か、コラボレーション重視か

統制型組織の最も顕著な特徴は、「トップダウン型」であることだ。自動車製造業で考えるとわかりやすい。「このクルマを作れば売れる！」という経営者や企画部門の判断および号令のもと、製造、販売、設計、開発、品質保証、調達、管理部門など各部門は、上へ倣えで決められた業務プロセスに従って（上へ倣えのプロセスを構築し）、決められた仕事を真面目にこなす。この動きは社内に限らない。いわゆる「Ｔｉｅｒ２」「Ｔｉｅｒ３」と呼ばれるサプライヤーも、親会社や元受けの言うことに従順に従い、ビジネスプロセスを構築および運営する。

一方、オープン型の組織は、コラボレーション（協業、協創、共創）を重視する。メンバーとメンバー、チームとチーム、部署と部署、企業と企業、企業と行政や教育機関、あるいは企業と個人（フリーランス）が素早くつながり、素早く思考し、素早く意思決定し、素早くトライ＆エラー（試行錯

誤）し、成功体験や失敗体験を知識化して、さらなる成功または次の成功につなげる。

環境変化が激しく、技術革新が目覚ましく、価値観やライフスタイルの変化も著しい時代、経営者や企画部門が答えを持ちえるとは限らない。年長者が答えを持っているとも限らない。そもそも、社内に答えを持っている人がいないかもしれない。自組織のビジョンや悩みや課題や強みをオープンにし、ヒントや答えを持っている他者とつながって答えを出していけるかどうか——すなわち「いかにコラボレーションできるかどうか」が、これからの企業の命運を分ける。

行動様式　〜ルールありきか、ビジョン／ゴールありきか

統制型の組織は、ルールを重視する。ルールは絶対であり、決められた枠組みの中で最適解を求めようとする。どんなに理不尽なルールであっても、ルールが現場の実態や世の中の実態に合っていないと皆が薄々思っていても、だれもそれに逆らおうとしない（逆らう人は、問題児または変人扱いされる）。

オープン型の組織は、ビジョンやゴールを重視する。その組織やリーダー（オピニオンリーダー的役割を果たす人を含む）が目指すビジョンや問題意識に共感した人が集まり、各々の期待役割を理解し、得意技を発揮して、ゴールに向かって走る。そのため、ビジョンニング（自己開示、発信、共感形成、動機づけなど）に力を入れる。

「いかに自分たちのビジョンや問題意識を相手に伝え、共感を得るか（あるいは共感している相手とつながるか）？　同じ方向を向いて、知ってもらえるようにするか？」

オープン型の組織にとって、ルールは生き物である。適宜見直し、あるべき姿にそぐっていなければ変える、あるいは変えるよう所管組織に働きかける。ゴールの設定をも疑い、柔軟に見直す。

マネジメント　～統制管理型か、権限移譲型か

●管理の仕方

統制型組織は、文字どおり統制管理型のマネジメントに傾倒する。管理職とは社員を始めとするメンバーを統制管理する人である。決められたルール、決められた業務プロセスに沿って、決められた時間、決められた場所でサボらず働くようメンバーを管理する。逸脱は悪であり、原則として例外は認めないか、上長や管理部門（本社組織）にお伺いを立てる。

一方、オープン型の組織のマネジメントは、権限移譲型である。最低限のルールや行動規範はあるものの、相手を信頼する。ビジョンやゴールや優先事項や基本的な仕事の進め方、進捗共有や課題共有の仕方は決めて合意するものの、仕事のやり方や場所は各々のメンバーに任せる。裁量の範囲内で、意思決定も委ねる（ただし、そのプロセスや結果はＩＴシステム上に残して、見えるよう、ふりかえることができるようにする）。

「テレワークをしていると、上司がサボっていないかどうか監視してきて煩わしい」

「リモートワーク中、上司から30分おきに進捗を確認するメッセージが届く。勘弁してほしい」

コロナ禍によりテレワーク／リモートワークが進む傍ら、働く人たちからはこのような悩みの声を見聞きする。過度なマイクロマネジメントは、管理する側／される側双方の集中力や生産性を下げるのみならず、メンバーの上司や会社に対する不信感の増大、すなわちエンゲージメントの低下を招く。もちろん、メンバーのメンタルヘルスの問題も懸念される。

この現象は、マネジメントのやり方と働き方のズレにより生じる、ディスクレ（ｄｉｓｃｒｅｐａｎｃｙ＝不一致）であると説明できる。テレワーク、リモートワークは、相手に働きやすいスタイルの選択を委ねる権限移譲型、すなわちオープン型に適した働き方である。一方、それを管理する中間管理職の意識や人事制度は、統制管理型に基づいている。離れている相手は信用できない、サボるかもしれない、監視しなければならない――こうして管理職は、監視型のマネジメントを悪気なくおこなう。

もうおわかりいただけたであろう。テレワーク／リモートワーク中の上司による監視問題は、働き方がオープン型に進化した一方、マネジメントが統制管理型に留まっていることによって生じているズレなのだ。無理もない。多くの中間管理職、人事部門は、いままで統制管理型のマネジメントしか経験してこなかったのだから。

この問題を発展的に解消するには、相互コミュニケーションを図りやすくするＩＴ環境のアップデートや、メンバー個人のスキル強化はもちろん、マネジメントのやり方、考え方、および人事制度のアップデート、すなわちオープン型に適したやり方への再要件定義が必須である。

今回のコロナ禍におけるテレワーク／リモートワークへのシフトは、ある意味、異常な状態でおこなわれたものである。COVID－19の急速な感染拡大により、政府や自治体による緊急事態宣言が発令。多くの企業は、十分な準備期間がないまま、テレワーク／リモートワーク体制に突入。IT環境（ハードウェア、アプリケーション、通信ネットワークなど）、スキル、コミュニケーションの方法、そしてマネジメントの仕方などの準備やアップデートがされないまま、おこなわざるをえなかった。歪みが生じて当然なのだ。

その特殊な環境において従来の統制管理マネジメントがうまく機能しないからといって、「当社はテレワーク／リモートワークは一切認めない」「ウチにはテレワークはなじまない」と早計な結論を出さないでほしい。あぶりだされた課題と、これからの時代に求められる要件を俯瞰し、どうか冷静に判断していただきたい。

●労務管理制度と職場環境

労務管理制度および職場環境も、統制型とオープン型では大きく異なる。

統制型は、決められた時間、決められた場所で働くことを前提とする。製造現場を思い浮かべればわかりやすいであろう。

- 週8時間×5日（以上）出勤して
- 祝日も出勤して
- 作業は各自の持ち場で、朝礼・昼礼・終礼は詰め所で
- 休憩は指定の喫煙所か休憩スペースで
- 昼休みは45分間、全員同じタイミング、かつ社員食堂で

このスタイルは、固定された生産設備を使い、決められた生産プロセスや手順に沿うことで目標数量および目標品質を満たす製品を生み出す製造現場においては極めて合理的である。安全管理の観点からも、トップダウンかつ統制された職場環境は必要条件であろう。

しかし、製造現場以外の職種において、統制型オンリーのマネジメントを強いることが本当にいいのだろうか？　たとえば、企画部門、マーケティング部門、デザイン部門、情報システム部門。このようなクリエイティブ性、かつ新規性が求められる部署の人たちが

- 週8時間×5日（以上）の固定勤務、かつオフィスに縛りつけて
- 祝日も出勤して
- 執務は固定席で、会議は会議室で
- 休憩できる場所も、自由に議論する場所も、思考や作業に集中できる場所もなく
- 昼休みはわずか45分しかなく、毎日同じメンバーと社員食堂で

（かつエレベーター待ちと、食堂の列待ちで時間を奪われた挙句、急かされるように食事し）

このような固定的かつ強制的な環境で、クリエイティブな発想や新規性のあるアイディアが浮かびやすいといえるのだろうか？

●カフェや野外のほうがアイディアが浮かびやすいのでは？
●自宅のほうが資料作成や事務処理など、作業に集中できるのでは？
●コワーキングスペースのほうが、外の人と触れてヒントや新たな発想を得やすいのでは？
●祝日は世間の人たちと同様に休み、社外の友人と会ったり外に出て感受性を高めたりして人間観察したほうが、マーケティングになるのでは？
●昼休みは、昼寝をしたりネットサーフィンしたほうが、リフレッシュにもなり、脳も活性化されるのでは？
●たまには社外の人と外で食事したほうが、悩みも解決しやすいのでは？

組織の中に答えを求めにくく、コラボレーションが求められる時代。企業は、働く場所や働き方そのものをオープンにし、組織内外の人たちとコラボレーションしやすいオープンな働き方、オープンな職場環境を整備していく必要がある。

筆者は、オープン型な環境の職場から、統制型の固定的な環境の職場に異動および転職したことがある。それまでフリーアドレス、テレワークOK、昼休みは1時間与えられ、服装も自由だったのが、一転して固定的な環境に。固定席、テレワークは認められず、昼休みは製造現場に合わせてわずか45分、服装の規定も細かい。「しまった」と思うも、時すでに遅し。あたりまえのようになじんでいて、異動・転職前は気づかなかったのだが、固定的な環境がこんなにも窮屈でストレスになるとは想像できなかった。裁量が与えられない環境は、自分が信頼されていない、プロとしてリスペクトされていないように感じるのである。統制型一辺倒のマネジメントは、働く人たちのエンゲージメントやプロとしての成長機会も妨げかねないのだ。

話を戻そう。「当社は製造業だから」「不公平だから」このような公平論は、だれも幸せにしない。同じ会社だからとて、職種によって専門性もスキルも異なる。求められる適切な行動も異なる。製造現場にとって勝ちパターンのマネジメントや環境が、ほかの職種の勝ちパターンとは限らない。製造現場と一律同じ制度や環境ではなく、職種によってバリエーションを持たせる。会社カットではなく、職種カットで最適なマネジメントや環境を提供していってほしい。「不公平」が問題になるのなら、手当てや処遇で差をつけるなり、ローテーションにより解消するなり、やり方はある。

ビジョン、すなわち皆が目指す方向は同じ、しかし働き方は人それぞれ。各々の領域のプロが最高のパフォーマンスを発揮できるやり方、すなわち「勝ちパターン」の環境を選択して成果を出す。それが、組織として健全、かつ真の公平ではないだろうか。同じ会社でも、人によって働き方は違っていい。

労働法制や社会保障制度にも問題がある。いまの日本の法制度は、統制型に最適化されすぎてしまっている。労働基準法は週8時間×5日（以上）をベースとし、かつ休憩時間も規定するなど、固定的な働き方を強制している。オープンマインドを持った弁護士や社会保険労務士とコラボレーションし、現行の法制度の枠組みの中で柔軟に運用する、さらには、1人1人が声を上げ、より柔軟な法制度に変えるべく世論を形成することも重要である。

●採用プロセスと採用コスト

人材採用の仕方とコストについても触れておきたい。従来の統制型の多くの組織は、新卒一括採用、大量採用が主流である。大企業ともなると、毎年100名単位の新卒をいっせいに採用する。メリットもある一方、オープン型のマネジメントが合理性を帯びる世の中においてはデメリットも大きい。

まず第一に、新卒採用は本人のポテンシャル採用となりがちである。その人材が、配属部門が求める能力を身につけうる／発揮しうる保証はない。また、100名規模の大量採用となると、1人1人の能力やカルチャーとのマッチ度合いを十分に評価することも難しい。すなわち、採用が雑にならざるをえない。その結果、すり抜けで「合わない人材」を採用してしまいやすい。配属された部門と本人のミスマッチも起こる。なおかつ、日本の企業はいったん採用した人材を解雇しにくい。言葉は悪いが、被採用者は「採用面接で人事担当者をだまくらかせばおめでとうございます」、定年まで正社員の身分を保持したまま、安泰に過ごせてしまうのである。

「合わない人材」が増えるとどうなるか？　企業は社員に対して、性悪説に基づいたマネジメントをせざるをえない。

「変な行動をとられては困る」(だから、管理職は部下を常に監視すべきだ)
「目を離すとサボるかもしれない」(だから、当社はテレワークは認めない)

こうして、統制型のマネジメントがどんどん強化される。水が低いほうに流れるがごとく、信頼できない人に合わせた性悪説の統制型マネジメントが敷かれ、自律的に仕事をできる優秀な人材の裁量と自由をも等しく奪うのだ。

オープン型の組織は、新卒採用や大量採用に拘らない。「組織やチームに合う、いい人がいれば適宜採用する」スタイルをとる外資系企業やスタートアップ企業も少なくない。

組織のビジョンに共感するか?
組織のカルチャーに合うか?
ともに働くことになるチームメンバーとコラボレーションできるか?
必要な能力や経験を兼ね備えているか?

候補者が組織やチームとマッチしているかを、時間をかけて見極める。

「納品のない受託開発」「全社員リモートワーク」「管理ゼロ」で有名なソニックガーデンは、候補者を採用するのに半年〜1年近く時間をかけることもあるという。実際にメンバーと働いてもらったうえで、候補者の自社やメンバーとのマッチ度を見極めて採否を判断する。そこまで時間をかけるからこそ、入社後は性善説のマネジメントに倒すことができる。「変なことをする」不安や「リモートワークだからサボる」不安が少ない。細かな管理をしなくても、安心して仕事を任せることができる。管理コストもかからない。「全社員リモートワーク」「管理ゼロ」が成り立つ背景には、採用にかける十分な時間とコストがあるのだ。

それに対し、新卒採用や大量採用では「合わない人材」「変なことをする人」を採用してしまうリスクが高い。一般的には1人あたりの採用に時間もコストもかけにくい。候補者と面接して評価するのは人事担当者や部門長のみ、実際に現場でいっしょに働く上長やメンバーと顔を合わせるのは入社後であるケースも多い。そもそも、採用決定および入社時点でも本人の配属部署すら決まっていない。その結果、「合わない人材」や「変なことをする人」を紛れ込ませてしまう。上長やメンバーと反りが合わず、メンバーや本人がパフォーマンスを発揮できなかったり、本人が辞めていくケースもある。あるいは、優秀だと思って採用したはずの人が、問題児に変わっていく。こうして、企業は「合わない人材」や「変なことをする人」に対する不信感を募らせ、その結果、性悪説に基づいた統制管理型、監視型のマイクロマネジメントをせざるをえなくなる。採用時、すなわち相手を仲間に入れる前のコミュニケーションコストは小さいものの、相手を仲間に入れた後のコミュニケーションコストや管理コストが大きいのだ。

ソニックガーデンのようにオープン型（かつ性善説型）のマネジメントをおこなう企業の場合、1人あたりの採用に時間もコストもかかる（かける）。その代わり、「合わない人材」が紛れ込むリスクは低く、いったん信頼して仲間に入れてしまえば、低いコミュニケーションコストで組織全体を運営

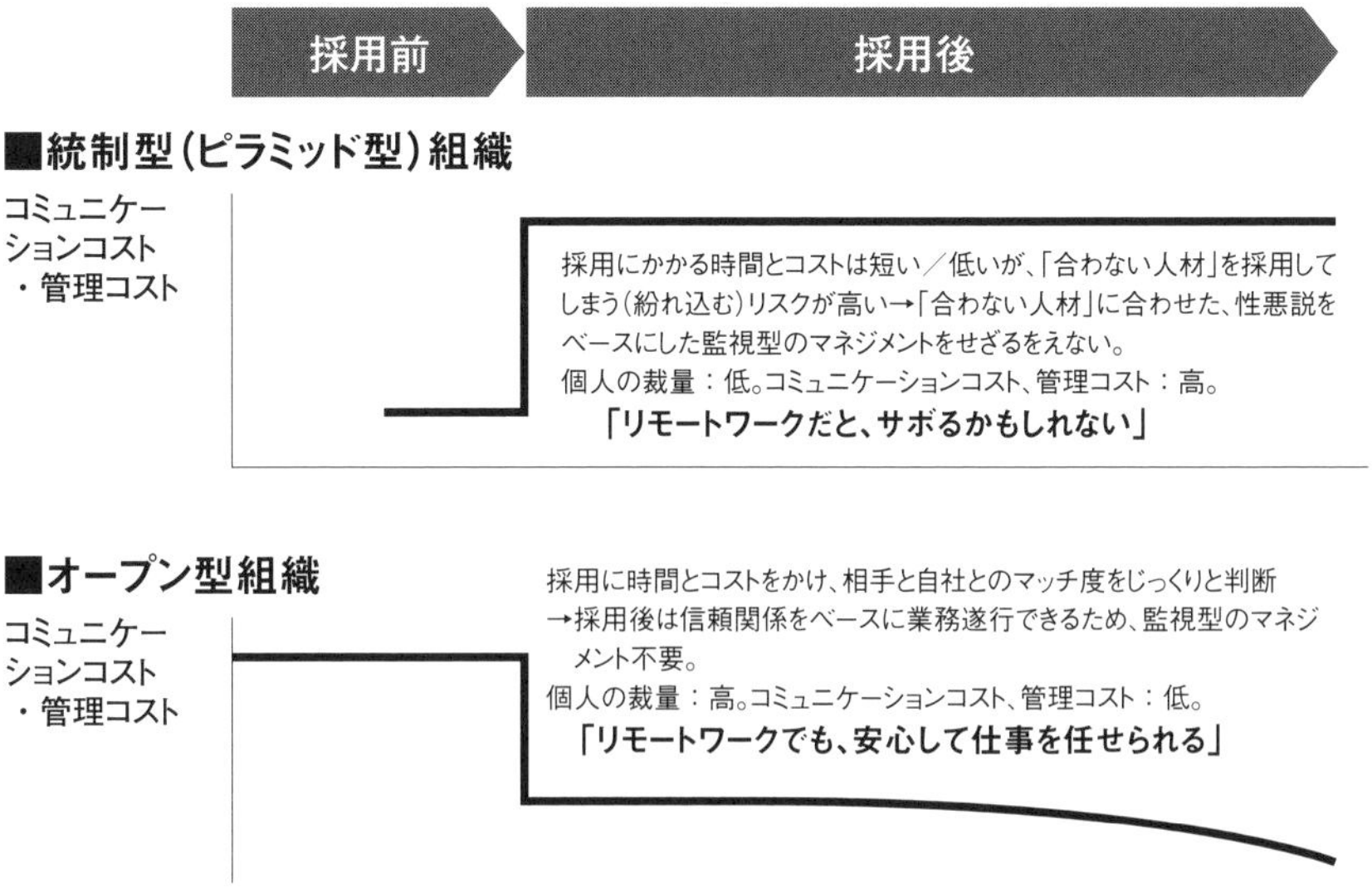
採用前
採用後
■統制型（ピラミッド型）組織
コミュニケーションコスト・管理コスト
採用にかかる時間とコストは短い／低いが、「合わない人材」を採用してしまう（紛れ込む）リスクが高い→「合わない人材」に合わせた、性悪説をベースにした監視型のマネジメントをせざるをえない。
個人の裁量：低。コミュニケーションコスト、管理コスト：高。
「リモートワークだと、サボるかもしれない」
■オープン型組織
コミュニケーションコスト・管理コスト
採用に時間とコストをかけ、相手と自社とのマッチ度をじっくりと判断
→採用後は信頼関係をベースに業務遂行できるため、監視型のマネジメント不要。
個人の裁量：高。コミュニケーションコスト、管理コスト：低。
「リモートワークでも、安心して仕事を任せられる」

採用における統制型とオープン型の比較

し続けられる。

「信頼構築（安心構築）のための時間とコミュニケーションコストを、採用時にかけるのか、あるいは採用後にランニングコストとしてかけ続けるのか？」

そのどちらかなのだ。

コミュニケーション　～ホウレンソウ重視か、ザッソウ重視か

統制型の組織においては、ホウレンソウ（報告、連絡、相談）が重視される。新入社員研修で「ホウレンソウが大事！」「ホウレンソウは社会人の基本行動」と叩き込まれた読者も少なくないだろう。こんなことを言うと、次のようなコメントをいただくことがある。

「ホウレンソウは部下から上司にするものだろう。トップダウンではなくて、ボトムアップのコミュニケーションではないのか。『統制型はトップダウン型』の主張と矛盾するではないか？」

たしかに、ホウレンソウにおける情報の流れは下から上に対してであることが多い。しかし、ホウレンソウをすべきテーマ、タイミング、やり方は、往々にしてトップダウンで規定される。

「新製品ABN300の不具合が目立つ。ABN300に関する異常や異変に気づいた場合は、小さなことでもかまわないから、私に共有すること」

「コンサルティングサービスの売上は順調だが、教育サービスの売上が大幅に未達だ。教育サービスについての報告や相談は、遠慮なく部課長にすること」

このように、ホウレンソウの対象となるテーマや優先事項は、トップダウンで決められる。それ以外のテーマの話を報告すると、「そんなことはどうでもいいから」「後にしてくれ」などと、上長に邪険に扱われたりする。あるメンバーは、「こんなくだらないことを報告したら迷惑だろう……」と忖度して、テーマ以外の話のホウレンソウを控える。

大きなトラブルが発生した時なども同様だ。現場は物々しい空気に包まれ、だれもがそのトラブルへの対応を最優先して走り回る。部長も課長もピリピリしている。そんな時、日常業務の相談、物品購入の決裁の依頼、ましてや有給休暇取得の相談などは、なかなかしにくい。迂闊にそのトラブル以外の話をしようものなら、〝空気を読めない人〟だと思われる。これも基本的な構造は同じで、場における「ホットなテーマ」「ホットなイシュー」以外の話をしにくい同調圧力が働いていると解釈できる。

統制型の組織では、ホウレンソウをすべきタイミングもトップダウンで決まりやすい。部下は部長の手が空いたタイミングや、機嫌のよさそうなタイミングを見計らって、「今いいですか？」と声をかける。その努力も虚しく、「タバコを1本吸った後にしてくれる？」と無下に断られた挙句、部長はタバコを吸ったらそのままとっとと外出してしまった——そんな切ない経験が読者諸氏にもあるのではなかろうか。

「今いいですか？」の時を伺うために、部下はオフィスの自席に待機し、作業の手を動かすふりをしながら、部長の様子をちらちらと見る。

「今いいですか？」と聞くために、非喫煙者なのにタバコ部屋に帯同して、部長に話しかける隙を待つ。

このような風土の職場では、テレワークなどもってのほかだ。なぜなら、上司の様子を伺うことができないから。

こうして、せっかくテレワークが導入されていても、みんな毎日、オフィスに出社する。「今いいですか？」待ちカルチャーの組織は、何とも非効率かつアンヘルシー（不健康）なのである。

ホウレンソウの仕方も、トップダウンで決まる。

「部長に報告するのに、テキストファイルのメモ書きでは失礼だ。Ｗｏｒｄで報告書の体裁にしたためて提出すること」

「大事なことは、対面で話しなさい」

「当日の休暇の連絡は、電話でするべきだ。メールやチャットで済ませるな！」

このように、上長の「べき論」でホウレンソウのやり方が規定される。とてもではないが、「体調不良でつらい人に、わざわざ電話をかけさせるのですか？」などと物申せる雰囲気ではない。体裁にこだわるあまり、下から上の情報共有がスピーディにおこなわれない。

●雑談から新しいものが生まれる

オープン型カルチャーの組織は、ザッソウ（雑相）を重視する。ザッソウとは、前出のソニックガーデンの代表取締役社長である倉貫義人（くらぬきよしひと）氏が提唱するコミュニケーションスタイルで、「雑談と相談」および「雑な相談」を意味する。

ちょっとした雑談が、上司と部下、あるいはチームメンバー同士のコミュニケーションを円滑にし、人間関係が温まることはよくある。雑談を通じて思わぬ共通点が見つかり、初対面の相手と意気投合した——そんな経験はだれしもあるだろう。雑談がきっかけで仕事の相談がしやすくなり、解決策やヒントを得たり、新たなビジネスが生まれることもある。Ｇｏｏｇｌｅが提供するメールサービス「Ｇｍａｉｌ」は、社内のエンジニア同士の雑談から生まれた。

筆者にも経験がある。つい最近も、顧問先の担当者（育児休暇から業務に復帰して半年の女性）とのちょっとした雑談から、新たな企画が生まれる経験をした。ある日の昼休み、彼女からチャットのメッセージが届く。他愛のない雑談だったが、そこから仕事につながるヒントを得て、企画のアイデアを投げ込み合い、勢いで役員や社外の第三者もチャットで巻き込み、新たな企画が成立。この間、わずか30分。

ちなみに、筆者と彼女との初対面は半年前、筆者も彼女もリモートワークをしており、オフィスで直接顔を合わせたのは10回あるかないかだ。ランチをご一緒したことはあるものの、飲み会に行ったこともない（そもそもコロナ禍で、飲み会や宴会は一切おこなわれていない）。にもかかわらず、雑談ベース、チャットベースで信頼関係を構築しながら、仕事を回せているのである。

「テレワークだからコミュニケーションがうまくいかない」
「オフィスで顔を合わせていないと、信頼関係が構築できない」
「飲みニケーションが命！」

そう言っている方々に、ぜひともこの体験をしていただきたい。

相談も、重要なコミュニケーションツール、信頼関係構築ツールだ。オープンなコミュニケーションが活発な組織では、上司から部下に相談を持ちかけることもめずらしくない。これからの時代、私たちは常に新しいテーマと向き合い、解決しなければならない。新しいテーマに対して、上司やベテランプレイヤーが答えを持っているとは限らない。新入社員が答えを持っているかもしれない。また、社員数が少ない企業であればあるほど、少ない人数で闘っていかなければならないし、社内にない知識や技術は外から補わなくては闘うことができない。相談は、組織の課題解決のためのソリューションなのだ。

職位あるいは社内外に関係なく、オープンに相談しあえるカルチャーは、相談に対する心理的ハードルを下げる。相談されたほうの主体性やプロ意識も醸成される。1人で悩まない、抱え込まない組織風土、コラボレーションしてものごとを解決する行動習慣が生まれる。意思決定も速くなる。なにより、個人の精神衛生上もヘルシー（健全）である。

●ザッソウは、受けるほうも構えずに済む

ザッソウのもう1つの意味は、雑な相談である。

「ちょっとザッソウいいですか」

ソニックガーデンでは、このような会話が普通に交わされる。統制型組織のホウレンソウは、仰々しくなりがちである。きちんとした体裁やフォーマットで資料を作り、お互いのスケジュールと会議室を押さえてはじめて、ホウレンソウが可能になる。完璧主義、100点主義なのである。

それに対し、ザッソウは形式や完璧を求めない。20点や30点の出来の、生煮えのアイディアでいい。ちょっと疑問に思ったこと、「ヒヤリ・ハット」なども、「ザッソウいいですか」のひとことで共有しやすい。

ザッソウは、受けるほうも構えずに済むメリットがある。想像してみてほしい。ある朝突然、部下から「ご相談があります」と言われたら、あなたはどう思うか？　「もしかして、辞める相談をされるのではないか？」など不安がよぎり、身構えてしまうであろう。これが「ザッソウお願いします」なら、そうはならない。ザッソウは、受ける側の精神衛生上もいいのである。

とはいえ、ザッソウのようなラフなコミュニケーションが多くなればなるほど、コミュニケーションの総量が増えすぎ、稼働を圧迫するデメリットもある。ザッソウには、それ相応のコミュニケーションの仕掛けや仕組みを使うことも重要である（それについては後述する）。

情報共有　～クローズ・逐次共有重視か、オープン重視か

統制型組織において、情報共有は基本的にクローズかつ逐次共有によりおこなわれる。経営会議での決定事項は、まず部門長に下ろされ、そこから課長、さらには社員、必要に応じて派遣社員や協力会社のメンバーにと、カスケード（階段状に水の落ちる滝の様子を示した様）される。あるいは、管理職が「情報共有が必要だ」と自ら判断した人に対し、必要と思われる情報だけを、随時（逐次）個別に伝達する。

このやり方は、情報の機密性を担保する、なおかつ情報を不用意に氾濫させすぎないためには、合理的である。一方で、情報の伝達に時間がかかる、「伝言ゲーム」の過程で情報の正確性や鮮度が失われる、本来その情報を必要としている人に情報が伝わらないなど、デメリットも多い。課長がよかれと思って部下のAさんにしか伝えなかった情報が、じつは課長の知らないところでAさんとBさんとCさんの仕事は相互に関連していて、BさんとCさんにも同時に共有していれば並行して仕事を進めることができ、もっと早く仕事を終えることができた――そのようなケースはよくある。Aさんは Aさんで、自分に個別にしか共有されないものだから、どこまでBさんやCさんに共有していいものかと悩んだ挙句、勇気をもってこっそりBさんとCさんに共有する……そのような無駄な気づかいも発生する。組織として健全とは言い難い。

情報が共有されない状況は、メンバーの主体性やエンゲージメントも下げる。人は、次の4つが与

えられないと、主体性やエンゲージメントが下がる。

①権限
②情報
③環境
④評価

筆者は、これら4つを「主体性の4要素」と呼んでいる。情報が与えられない状況は、メンバーの主体性を悪気なく奪うのだ。

「当社の社員は主体性がない」
「ウチのメンバーは受け身だ」

こう嘆く経営者諸氏、リーダー諸氏。情報共有の仕方に問題があるのでは？ 情報が共有されることとは、イコール、「あなたを信頼しています」という何よりのメッセージでもある。人は、自分を信頼してくれない相手を積極的に信頼できない。情報共有は、信頼関係構築の要でもあるのだ。

クローズ型、逐次共有型のコミュニケーションスタイルは、社内のコラボレーションも阻害する。部門単独で解決できない、新たなテーマや難しいイシューが増えてきた。それに伴って、部門横断型のプロジェクト体制を組むケースも増えてきた。しかし、ここでもハードルが立ちふさがる。

「他部門のファイルサーバーにアクセスできない……」

都度、当該部門の担当者に「すみません、このデータが欲しいのですがメールで送っていただけますか？」と依頼して、メールにファイルを添付して送ってもらう。すぐ連絡がついて送ってもらえるならまだいいほうで、担当者が不在でなかなか連絡がとれなかったり、データを他部門に共有するための承認を得るのに時間がかかったり、挙句の果てにはようやくメールが届いたと思ったら添付ファイルがパスワード付きZIP圧縮ファイル（いわゆるPPAP）にされていて開くのに時間と手間がかかるなど、部門間の情報共有のハードルがはてしなく高い。相応のコミュニケーションコストもかかる。統制型組織のファイルサーバーの仕組みおよび運用方法は、社内の部門間コラボレーションも阻害するのだ。

情報セキュリティによる縛りがきつすぎると、このように部門やチームを越えたコラボレーションがしにくくなる。そもそも、社内や部内のファイルサーバーにどんなフォルダがあってどんな情報があるのか、だれがどんな情報を持っているのかもわからず、有益なお宝情報に気づかない状況を作ってしまう。これは、情報利活用の観点からも、きわめてもったいない。時間があるときに、ネットサーフィンよろしく「部門フォルダサーフィン」をしていると、その組織で何が起こっているのかがわかったり、だれが何をやっているのかがわかったり、仕事上の意外なヒントや解決策を得られたりするものである。

逐次共有型のコミュニケーションは、社歴の長いベテランや、「その場に居合わせた人」だけに優位に働きがちでもある。その場にいた、声の大きい人たちだけで情報が共有され、話が決まる――このような「井戸端型コミュニケーション」は、一見効率的なようでいて、長い目で見て非効率かつ不健全である。輪に入れない人、その場にいない人は蚊帳の外。あとで意見しようものなら

「もう決まったことだから」
「その場にいないあなたが悪い」

とあしらわれる。おちおち出張もテレワークもできない。仲間外れにされるから。

そして、この手のカルチャーの組織は、妙に仲間意識や同調圧力が強く、中途入社や派遣社員、協力会社スタッフ、外部アドバイザーなど、いわゆる「新参者」が輪に入りにくい。ベテラン&プロパー社員だけの仲よしクラブなのである。こうして、新参者や問題意識の高い人たちがモチベーションを下げて、辞めていく。ごきげんよう。

オープン型の組織では、原則的にすべての情報を、すべてのメンバーに共有する。クラウドベースのグループウェアや業務改善サービスを提供しているサイボウズは、経営会議を含む議事録を原則的に全社公開し、意思決定のプロセスや結果を全社員に速やかに共有しており、その結果、社員のアクションが速くなる。透明性が高まることにより、社員の会社や事業に対する主体性やエンゲージメン

ト も高まる。自ら思考するようになる。もちろん、メンバーに情報を共有するための管理稼働も節約できる。

オープン型の組織はＭｉｃｒｏｓｏｆｔ ＴｅａｍｓやＧｏｏｇｌｅのＧｏｏｇｌｅ Ｗｏｒｋｓｐａｃｅ、サイボウズガルーンなど、グループウェアを用いた社内コミュニケーションも盛んである。グループウェア上にチャンネルやスレッド（目的やテーマに応じたグループ）あるいはフォルダを立て、そこで通常の業務のやりとりや、決定事項、共有事項、相談事項などをオープンに共有（投稿や回答）しあう。いま社内や部内にどんなチャンネルやスレッドが立てられていて、どんなやりとりがされているのか、どんなメンバーが参画しているのかなど、社内のテーマと人の動きがわかりやすく、コラボレーションしやすくなる。

経費の状況を全社員にオープンにしている企業もある。

「だれが、何の目的で、何に、いくらお金を使おうとしているか／使ったか？」

それが全社員に一目瞭然。これにより、経費の無駄遣いを抑止できる一方（たとえば派手に接待費を使っている人が目立つ）、経費の正しい使い方を社員が自ら考え、使うべきお金を堂々と使うカルチャーも生まれる。「あの課長は承認してくれるのに、うちの課長は承認してくれない」などの不公平もなくすことができる。情報をオープンにすることは、社員のリテラシー向上と、ガバナンスとコンプライアンス強化にも寄与するのだ。

統制型組織は、「原則は非公開。必要に応じて公開」という立場を取りやすい。しかし、オープンかつスピーディな意思決定とコラボレーションが求められる時代、「原則は公開、必要に応じて非公開」くらいの考え方に立つ必要があるのではないか。

制度・風土　～横並び主義／失敗を許さないか、違いを認めあい活かす／トライ＆エラーが評価されるか

統制型の組織は、基本的にみんなが同じ行動をとることをよしとする。製造現場を想像すればわかりやすい。大量生産型のビジネスモデルにおいては、メンバーは所定の持ち場について、決められた作業を淡々とこなし、決められた目標生産量や目標品質を達成する。異常が見つかれば、即座に責任者に報告して、ラインを止める。逸脱した行動は許されない。これは、製造現場においてはきわめて合理的である。ところが、すべての職種を製造現場と同じやり方で統制しようとするからうまくない。

オープン型の組織は、メンバー同士の違いを認め合い、強みを生かそうとする。メンバー同士、あるいは社外の専門家とのかけ算、すなわちコラボレーションで、新たな価値創造や既存の問題や課題の解決を試みる。知識と知識、経験と経験、技術と技術、そして強みと強みのかけ合わせこそが命なのだから。

そのためには、相互理解が基本となる。

自分がいままで、どこで、どんなことをしてきたか。
どんな強みがあって、何が得意で、何が苦手か。
仕事に対してどんな思いを持っていて、どんなことにチャレンジしたいか。
プライベートでどんな事情を抱えているか。

積極的に自己開示しあう。相手の弱みを探してけなしあっている場合ではないのだ。そして、トライ&エラーが評価される。小さく成功して、大きく成長する。あるいは、小さく失敗して、それを組織の学びに変え、次の成功につなげる。そのための「ふりかえり」を重視する。とりわけスタートアップ／ベンチャー企業では、なにもしないことこそがリスクである。失敗も、学びに変えれば、成功の一部なのだ。

統制型の組織は、失敗を許さない。これは、製造業や金融機関の生業の特性上、致し方ない部分もある。筆者は数年前、ある大手金融機関に呼ばれたことがあった。働き方改革推進メンバーから相談を受けたのだ。思うように改革が進まず、チャレンジする社員も少なく、困っているという。筆者は次のようにコメントした。

「金融機関は『失敗が許されない』カルチャーですからね」

新入社員の頃から「1円たりともまちがえてはいけない」というメンタリティを植えつけられる。

失敗すれば左遷、転籍、島流し。そのようなマネジメント下において、果敢に改革に挑む勇者は現れにくい。チャレンジしようにも、上司から待ったをかけられる。失敗すれば、公開処刑のさらし首。そのカルチャーや制度を変えない限り、奇特な勇者はなかなか現れない。トップが「改革だ！」「イノベーションだ！」と声を大にしたところで、カルチャーや制度が伴わないことには、中から改革もイノベーションも起こりにくい。

組織の中に変革を担う人材がいないのなら、外から持ってくるほかない。旧態依然とした組織であればあるほど、プロパーの人間にドラスティックな変革は期待できない。しがらみがあって、大胆な意見や提案を出しにくいからである。あるいは、外を知らないがゆえに、自社の無理、無駄、理不尽に悪気なく気づかない。外を知っている人、転職者や外部の有識者を登用して、旗ふりや支援をしてもらったほうが、確実に変革を起こすことができるであろう。

ここでも、コラボレーションが解決策になりえる。ただし、外の人材を登用するにしても、旧態依然の組織カルチャーを変える覚悟は必要だ。

仕事の進め方　～ウォーターフォール型か、アジャイル型か

水が上流から下流に流れる滝のごとく、前工程が決めた要件や指示を受けて、後工程が要件を具現化・具体化し、アウトプットを生み出す仕事の進め方を、ウォーターフォール型と呼ぶ。それに対し、要件を決めきらず、小さく作って、小さく検証して、小さくフィードバックしてアウトプットを生み

出していく仕事の進め方を、アジャイル型と呼ぶ。統制型の組織はウォーターフォール型のやり方を、オープン型の組織はアジャイル型のやり方を重んじる傾向にある。その背景と特徴は、本章の前出の各項目で述べたとおりだ。

ウォーターフォール型とアジャイル型、どちらが良くてどちらが悪いということはない。いずれも合理性があり、いずれも正しい。たとえば、要件が完璧であり、かつ変更や追加要件が発生する可能性が少ない（あるいは変更や追加要件を適切に評価し、全体の整合性や予算、人的リソース、納期などを適切に調整できるマネジメントが可能な）場合においては、ウォーターフォール型のアプローチはきわめて合理的かつ健全に機能しうる。ウォーターフォールとアジャイルは対立構造ではなく、考え方のオプション（選択肢）にすぎない。ウォーターフォール原理主義、アジャイル原理主義に陥るのではなく、組織の問題課題やゴールに応じて、各々の適切な考え方ややり方を使いこなせるようにしたい。

なお、ウォーターフォール型の組織において、部分的にアジャイルなやり方を取り入れてオープン型のマネジメントに適応していく具体的な方法論は、拙著『ここはウォーターフォール市、アジャイル町』（#ここアジャ、翔泳社）でストーリーとともに解説している。参考にしていただければ幸いである。

以上、７つの観点から、統制型とオープン型それぞれの特徴を考察した。

統制型のメリットとデメリット

統制型の3つのメリット

繰り返しになるが、筆者は統制型を否定するつもりはまったくない。統制型とオープン型、いずれのマネジメントも組織カルチャーも合理性はあるのだ。統制型マネジメントが日本のものづくり産業を支え、過去50年～60年間に渡る日本の経済成長と発展に大きく寄与したことは、疑いのない事実である。

統制型マネジメントのメリットを3つ挙げる。

①トップ（あるいは意思決定者）が答えを持っている領域において、無駄なく業務遂行できる
②大規模なスケール（拡大）をさせやすい
③非常事態・緊急事態における統制を取りやすい

統制型マネジメントは、トップや意識決定者が完全な答えを持っている領域においては、強い威力

を発揮する。

「このクルマを作れば売れる」

「この製品は絶対ヒットする」

そのようにある意味で成功が約束されている状況ならば、各部門も各担当者も余計なことを考えずに、決められたプロセスと手順に従って淡々と仕事を進めるほうが合理的なのだ。余計な管理コストもコミュニケーションコストもかからない。また、大量生産型のような大規模な事業は、統制型のほうがスケール（拡大）させやすい。オープン型のアジャイル（前出）のアプローチでは限界がある。

統制型マネジメントが最も合理性を発揮するのは、非常事態や緊急事態だ。たとえば、火災が発生して一刻も早くその場を逃げることが優先される状況において、「あなたはどうしたらいいと思う？」といった相手の主体性に委ねる悠長な問いかけをしたり、「沢渡さん、申し訳ないですが、その作業の手を止めていただけないでしょうか？」など懇切丁寧な依頼をしている場合ではない。人命を落とすことになりかねない。

「逃げろ！」「止まれ！」

非常時や緊急時においては、このような統制型の指示命令が合理的なのだ。旅客機においても、非常事態が発生すると、ＣＡ（キャビンアテンダント）はサービス要員から保安要員の顔に切り替え、乗客に対して指示の姿勢をとる。乗客をお客様扱いして好き勝手な行動を許してしまっては、結果としてお客様の安全を守ることができないからだ。

統制型の4つのデメリット

しかしながら、統制型のマネジメントには弱みもある。デメリットを４つ挙げる。

①変化に弱い
②新たな発想を生みにくい、形にしにくい
③メンバーの主体性や思考能力を奪いやすい
④メンバーのエンプロイアビリティを奪いやすい

統制型は、組織内に答えが存在する領域においては威力を発揮する一方、未知のリスクや変化に弱い。自動車製造業などにおいては、新たな生産拠点を立ち上げるのに3年、撤退（撤去）するのにも3年かかると言われている。一度生産設備を構えてしまえば、その変更は容易ではない。すなわち、市況やビジネスモデルの変更にスピード感をもって対応しにくい。

２０２０年に猛威をふるい始めたＣＯＶＩＤ－19。４月には政府や各自治体による緊急事態宣言発令のもと、多くの企業がテレワーク、リモートワークに移行することを余儀なくされた。

①速やかにテレワーク／リモートワーク体制を整え、業務継続できた企業

②（3・11や大型台風や豪雨による業務停止を教訓として）すでにテレワーク／リモートワーク体制を整えており、業務を継続できた企業

③体制が整わず、テレワーク／リモートワークに移行できないか、実質的に自宅待機の状態になった企業

大きくこの3つに分かれた。危機感のある企業は②で乗り切ったものの、③の企業も多く、その差が浮き彫りになった。

統制型の組織は、とりわけ関係する人の数が多ければ多いほど、業務プロセスの変更、ルールの整備、環境整備にも時間がかかる。過去の成功パターンが通用せず、未知のリスクや変化にすばやく対応しにくく、脆弱になりやすい。

統制型の組織では基本的に、部下は上司の指示を受けて仕事をする。コミュニケーションはホウレンソウを基本とし、上司や所管部門の判断や指示を仰ぐ。重要な情報は、水がダムから浄水場を経て各家庭に分配されるがごとく、上から下に順次流れる。一般社員が中間管理職を飛ばして役員に相談や提案したり、社内に情報発信しようものなら（いわゆる「課長飛ばし」「部長飛ばし」）、厳しく責められる。そのような組織文化では、メンバーは自ずと受け身、指示待ちになりやすい。過度な統制

型の仕組みとカルチャーは、メンバーの主体性や自ら物事を考える力、すなわち思考能力を奪うのだ。

筆者は、統制型組織で育った人がベンチャー企業に転職して苦労する姿を何度も見ている。無理もない。思考する能力どころか、自ら主体的に思考し、仕事を組み立て、行動する機会すら与えられなかったのだから。このように統制型、指示型が強い組織は、主体的に思考や行動ができない人材を量産（あるいは塩漬けに）し、メンバーがほかで活躍する力、すなわちエンプロイアビリティを奪いやすい構造にある。

オープン型のマネジメントを少しずつでも取り入れていく

繰り返しになるが、統制型とオープン型、いずれも合理性がある。ただし、変化や不確実性が増す時代において、統制型一辺倒のマネジメントはもはや組織の成長リスクでもあることはまちがいない。人口ボーナス期（生産年齢人口が多く、人口が多いことが国のメリットになる時期）はすでに終了した。統制型の人海戦術、大量生産モデルで勝ち続けられる領域は、今後ますます限られるだろう。

「会社や上司の言うことを聞いていれば、定年まで安泰な会社員人生を送り、定年後も潤沢な退職金と年金で家族ともども幸せな一生を過ごせる」

「親会社や大企業の言うことさえ聞いていれば、安定して商売を得ることができ、幸せな経営ができる」

そんな時代は終わりつつある。親会社や大企業がビジネスモデルをドラスティックに変えつつある。その時、下請け企業は要らない子になるかもしれない。あるいはCOVID－19などの新たな脅威により、親会社や大企業が経営破綻するリスクも高まりつつある。

部門単位、職種単位からでもかまわない。あるいは、たとえば「コミュニケーションのやり方から」「管理職の意識改革から」など部分的にでもかまわない。いかなる組織も、自分たちのマネジメントやカルチャーを俯瞰して、自問してほしい。

「統制型であることが合理的に機能しているのか？」

「負けパターンに陥ってないか？」

そして、オープン型のマネジメントも取り入れていってほしい。

オープン型のコミュニケーションを支える7つの神器

オープン型に変化するにはどうしたらいいか。その第一歩が、コミュニケーションツールを変えることだ。ここでは、オープン型のコミュニケーションを支える「7つの神器」を解説する。

①ビジネスチャット

テキスト（文字情報）での会話やファイル共有などをタイムリーにおこなうことができるコミュニケーションツール。わが国でも、コロナ禍におけるテレワークの普及に伴い、ビジネスチャットの活用が広まってきた。代表的なサービスに、Slack、Microsoft Teams、Chatwork、LINE WORKS、およびFacebookやTwitterなどのSNSや、Zoomなどのオンラインミーティングツールに付随するメッセンジャーやチャット機能が挙げられる。

複数メンバー間でいつでもどこでもやりとりができ、ちょっとした情報共有や打ち合わせ、会議もフットワークよくおこなうことができる。中には、通話やビデオ会議を兼ね備えるものも。ビジネスチャットのやりとりが盛り上がってきたところで、双方の合意のもと、その場で通話機能やビデオ機

①ビジネスチャット	Slack、Teams、Chatwork、LINE WORKS、Facebook や Twitter のメッセージ機能など	△ メール、FAX、電話、対面
②オンラインミーティングツール	Zoom、Teams、WebEX、Skype、Facetime、Facebook や LINE のビデオ／音声通話機能など。ヤマハ YVC シリーズなど音声通話デバイスも	△ 対面会議、対面商談、対面講義
③グループウェア（ポータルサイト、スケジュール共有、設備予約、情報掲示板、文書管理システム、検索エンジンなど）	サイボウズ ガルーン、Google Workspace、Microsoft365 など	△ 対面での通達、メール・FAX・紙・電話・対面での日程調整や施設予約
④オンラインストレージ／ドキュメント共有	Google Drive、Box、Dropbox など	△ メール添付ファイル送付、PPAP、ファイルサーバでのデータ共有
⑤ワークフローシステム	X-point Cloud、AgileWorks、R@bitFlow、会計や旅費精算クラウドサービスに付随するワークフロー機能など	△ 紙ベースの稟議、口頭決裁
⑥タスク管理／チケット管理	Trello、Backlog、Redmine、ServiceNow、Tom's Planner など	△ 紙やホワイトボードのみのタスク管理、進捗管理
⑦ダッシュボード	いわゆる BI（Business Intelligence）ツール	△ 紙資料、口頭ベースでの事業進捗報告・共有

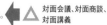

オープン型のコミュニケーションを支える7つの神器

能を立ち上げれば、オンラインミーティングもできる。

　メールは、手紙を書くような心理的な抵抗感や手間が生まれ、送受信のタイムラグが気軽かつ円滑なコミュニケーションを阻害する。一方、ビジネスチャットは、いわゆるホウレンソウはもちろん、ちょっとした雑談や状況伺い、ヒヤリ・ハットの共有もしやすくする。公共交通機関での移動中、静まり返った／ざわついたオフィスなど声を出しての会話がためらわれるシーンでも、ビジネスチャットを使えばテキストベースで対話ができる。会議中、その場では言いにくい発言をテキストでやりとりするなど、問題や課題の「言える化」の後押しもできる。

　スタンプ機能や絵文字機能などを使

えば、意思表示や意見照会もしやすい。「いいね」「ありがとう」「賛成です」「反対です」など、わざわざ作文して送受信しなくても、スタンプをクリックするだけで意思表示および意見集約が可能だ。新規のメンバーのオンボーディング（場になじませ、定着させるプロセス）もスムーズだ。新規メンバーをその会話（チャットのやりとりをしている画面）に追加すれば、過去のチャットのやりとりを見てもらうことができ、迅速かつ確実にキャッチアップしてもらうことができる。これがメールだと、そのメンバーに関係するメッセージをいちいち探し出して、わざわざ転送して説明する手間が発生する。うっかり削除してしまったり、探し出せないこともある。メールは個人の端末やメールボックスに依存しやすく、属人化させやすいコミュニケーションツールなのだ。チームでのオープンなコミュニケーション、コラボレーションのしやすさの点で、メールよりもビジネスチャットが合理的といえよう。

②オンラインミーティングツール

離れた相手同士で、映像および音声を使用してミーティングできるツール。ビジネスチャットと同様、昨今のテレワークブームで一気に活用が進んできた。かつてはテレビ会議システムなど大がかりな設備が必要だったが、最近はパソコンやスマートフォンなどのモバイルデバイスで、個人レベルでビデオ会議や音声会議を実施できるアプリケーションやＷｅｂサービスが主流になっている。

代表的なサービスに、Ｚｏｏｍ、Ｔｅａｍｓ、ＷｅｂＥＸ、Ｓｋｙｐｅ、ＦａｃｅＴｉｍｅなどが

ある。FacebookやLINEなどのSNSでもビデオ通話や音声通話が可能で、メリットはさまざまある。

- 場所を選ばない
- 移動時間がかからない
- 会議室を確保する手間がない
- リラックスしながら仕事ができる

最近では、オンラインミーティングツールを駆使して「オンライン商談」をするシーンも増えつつある。移動時間の節約はもちろん、会議室を探して確保する時間も削減できるため、使いようによっては商談機会を増やすことができる。すなわち、ビジネスチャンスの増大につながる。ツールによっては、1対1や1対Nの打ち合わせのみならず、N対Nのミーティングや講義、グループ分けをしたワークショップなども可能に。オープンなコラボレーションの幅が広がる。

オンラインミーティングを円滑におこなうためには、マイクやスピーカーなどのデバイスにも気を配りたい。最新のデバイスを使えば、オンラインミーティングのストレスや体の負担も軽減される。筆者は、ヤマハの小型のポータブルスピーカーフォンYVC－200を愛用している。手のひらサイズで持ち運びがしやすい、大声を出さなくても相手に声が伝わりやすい、野外でも雑音が伝わりにくいなど、大変便利だ。筆者は #ダム際ワーキング を啓蒙するほどのダム好きで、ダム近くのあずま屋やクルマの中でオンラインミーティングをすることもめずらしくないが、快適な音声コミュニケーションができている。ヘッドセットが不要なのも魅力だ。頭や耳に負担がかからない。複数名対複数名の多拠点会議、トークイベント、講義などでも重宝している。最新技術を使った新しいデバイスは、場所にとらわれない働き方とコラボレーションを後押ししてくれる。

③グループウェア

組織内外の情報共有のための統合コミュニケーションツール。代表的なサービスに、サイボウズガルーン、Ｇｏｏｇｌｅ Ｗｏｒｋｓｐａｃｅ、Ｍｉｃｒｏｓｏｆｔ３６５などがある。ビジネスチャットやオンラインミーティングツール、タスク管理などを兼ね備えるグループウェアもある。グループウェアのおもな機能を紹介する。

●ポータルサイト

ポータルとは「入口」「玄関」のこと。組織やチームのメンバーが、あらゆる情報にアクセスするための入口となりうるインターネット／イントラネット上のサイトをポータルサイトという。各デジタルツールや情報サイトへのリンク、業務システムへのリンク、全社員への周知事項やニュースなどを掲載する。

●スケジュール共有

オンラインで各自やチームのスケジュールの見える化、および会議設定など、スケジュール調整を可能にするツール。代表的なサービスに、MicrosoftのOutlookなどがある。Googleカレンダーなどのクラウドサービスを利用すれば、社外の人とのスケジュール共有も可能に。お互いのスケジュールが見えないストレスフルな状況をなくし、会議を開催するたびにいちいち各自の空き日程をヒアリングして調整するなど間接稼働を減らすことができる。

リモートワークなどお互いの状況が物理的に見えにくいからこそ、オンラインで常にお互いのスケジュールを見える化したい。スケジュールの見える化は、スピーディなコラボレーションはもちろん、チームビルディングにも必要不可欠である。チーム全体の業務効率向上につながる。

●設備予約

会議室や駐車場、プロジェクターなどの備品もオンラインで予約および予約状況の確認ができるようにすれば、空き状況を照会して手配する手間が大幅に削減される。利用希望者がわざわざ貸し出し窓口に出向いたり、電話やメールをしなくても、どこからでも紹介や予約ができる。総務担当者も、これらの雑務から解放される。

●情報掲示板

全社員への周知、チームメンバーへの連絡事項、組織内外のニュース、社内イベントのお知らせなど、さまざまな情報を周知・連絡する機能。質問の投稿や回答など、インタラクティブ（双方向）の機能を兼ね備えているものもある。

●文書管理システム

Ｗｏｒｄ、Ｅｘｃｅｌ、ＰＤＦ、ＰｏｗｅｒＰｏｉｎｔなど、各種の業務文書ファイルを格納する、オンライン上の文書管理基盤。これまでは全社ファイルサーバー、部門ファイルサーバーなど組織内に閉じたファイル共有が主流だったが、部門を跨いだ情報共有や、ビジネスパートナーなど社外の人と組織するプロジェクト型・コラボレーション型の業務には適応しにくい。オンラインの文書管理サービスを利用し、アクセス権限を付与することで、組織内外のファイル共有がしやすくなる。

●検索エンジン

情報システム上に存在するデータや文書を横断的に検索できる機能。情報を探す手間や時間の削減に大きく寄与する。

④オンラインストレージ／ドキュメント共有

インターネット上で、電子ファイルやデータの授受や閲覧、編集などができるＩＴサービス。代表的なサービスに、Ｇｏｏｇｌｅ Ｄｒｉｖｅ、Ｂｏｘ、Ｄｒｏｐｂｏｘなどがある。

社内に閉じたファイルサーバーと異なり、これらインターネット上のクラウドサービスを使えば、社外とのコラボレーションもスムーズになる。旧態依然の組織では、電子ファイルを社外の相手に共有するために、毎回ZIPファイルに圧縮してパスワードをかけ、メールに添付してパスワードを別メールで送る、「PPAP」※と呼ばれるやり方を今も続けている。PPAP方式は、送り手と受け手双方に手間をかける、相手の集中力を奪う、スマートフォンなどのモバイルデバイスから開封・閲覧しにくいなど、スムーズなコラボレーションを阻害する。

PPAPは、情報セキュリティのリスクも高める。パスワード付きZIPの添付ファイルは、メールサーバーや端末のウイルスチェックが機能しないことがある。その結果、添付ファイルに仕組まれたマルウェア（ウイルスなどを含む悪意のあるソフトウエア）の侵入を許してしまう。最近では「Emotet（エモテット）」と呼ばれるマルウエアがこの脆弱性を突いて拡散。国内の企業においても、複数の被害事例が報告されている。PPAPにより受信者をマルウエアに感染させ、情報漏洩などの情報セキュリティ事故の加害者／被害者にしかねないのだ。いよいよ由々しき問題である。

一時的な電子ファイル送信であれば、オンラインストレージのフォルダにファイルを置いて、そのフォルダのリンク情報（URL）を相手先にビジネスチャットやメールで連絡、フォルダからファイルをダウンロードしてもらうやり方に変えれば、こうした手間はなくなる。Emotetなどのマルウェアの攻撃を受けるリスクも低減できる。

※Password付きZIPファイルを送ります、Passwordを送ります、An号化（暗号化）、Protocol（プロトコル）の頭文字をとったもの。

フォルダやファイルには、アクセス権限、つまりそのフォルダやファイルにアクセスできる人を設定できる。万が一メールを誤送信しても、アクセス権限をつけていない相手にそのファイルを見られる心配がない。仮にアクセス権限をつけ忘れていたとしても、誤送信に気づいた瞬間にフォルダからファイルを削除すれば、拡散される心配もない。アクセス履歴も確認できるため、意図しない第三者にそのファイルにアクセスされてしまったかどうかを確認できる。

Ｇｏｏｇｌｅドキュメントなどが提供する共同編集機能も大いに活用したい。オンラインストレージ上に格納した文書を複数人で編集できる機能だ。たとえば、プレスリリースの記事の原稿や議事録など、複数のユーザーが加筆修正したり、コメントを残したり、テキストで質疑応答することができる。いちいちメールで関係者全員に原稿を送付し、加筆された原稿やメール本文で指摘されたコメントを集約し、再度編集して連絡する手間や時間のロスがなくなる。同時作業も可能なため、議論をしながらそれぞれの参加者が白紙のファイルに意見を同時に書き込むことも可能だ。オンラインミーティングと併用し、議事録をその場で複数名で共同で作成すれば、生産性もコミュニケーション効率も上がる。

⑤ワークフローシステム

経費申請、決裁、稟議などの申請行為、承認行為、意見照会行為をＩＴシステム上でおこなう仕組み。対面説明ベース、紙ベース、ハンコベースのやり方は場所や時間の制約を受け、ビジネススピードも遅くなるが、ワークフローシステムはそのような問題を解決する。X-point、AgileWorksなどのワークフロー製品、および会計ソフトや旅費クラウドサービスなどに付随するワークフローシステムもある。「いつ」「だれが」「何を」「どんな理由で」「承認したか／否決したか」もログとして残るため、業務の引き継ぎや監査対応などの効率化にも寄与する。

⑥タスク管理／チケット管理

ホワイトボードにToDo（すべきタスク）を書き出すがごとく、タスクを一覧化する。担当者をアサインして、進捗状況を見える化する。対応履歴を残す。プロジェクト活動などの計画を立案して、進捗を把握する。

そのようなタスク管理やスケジュール管理と共有を、オンラインでおこなうことができるITサービスは多く存在する。Trello、Backlog、Redmine、ServiceNow、Toms' Plannerなど。これらのタスク管理／チケット管理ツールを活用すれば、「離れているから進捗をフォローしにくい」「テレワークしているメンバーはサボっているかどうかわからない」という問題も解消する。

また、報告業務や連絡業務そのものを減らすこともできる。わざわざ進捗の報告を求めたり、聞き回らなくても、ツールを見れば進捗がわかるからだ。タスク管理やチケット管理ツールを活用すれば、テレワークなど空間をともにしない働き方もしやすくなる。

⑦ダッシュボード

企業活動や重要タスクの進捗状況をグラフなどで表示する管理画面をダッシュボードという。自動車や飛行機の操縦席に搭載された各種メーターさながら、売上、利益、成約数、顧客数など事業の進捗や、トラブルなど組織の問題・課題の発生状況や解決状況を示すものとして活用できる。いわゆるBI（Business Intelligence）ツールなどがダッシュボードの機能を提供している。

ダッシュボードを使えば、経営者・部門長・リーダーが組織の状態の把握や異常の検知をしやすくなるのはもちろん、チームメンバーとの経営状況や問題・課題の発生状況の景色合わせと意識づけもしやすくなる。つまり、ビジョンニングにも大きく貢献する。

これらのデジタルツールを駆使して、オンラインで仕事をする人は、シームレスかつ迅速なコミュニケーションが可能だ。お互いの空き時間をメールや口頭でやりとりして、全員の空いているスケジュールを確認して、空き会議室を探して、資料を人数分印刷して、会議室に移動して……といった間接業務が格段に減る。社員や外部のビジネスパートナーがそのようなストレスから解放されるメリットも大きい。

デジタルツールを使ってすばやく相手とつながって行動できる組織と、そうでない組織のコラボレーション力格差は広がる一方である。組織の規模の大小にかかわらず、できるところからデジタルワークにチャレンジし、コラボレーションできる組織に生まれ変わっていきたい。

デジタルツールを駆使して、オンラインで仕事をする人の行動
社内外の関係者とのビジネスチャットでの相談や雑談を通じて
問題や課題やテーマを言語化し
「ミーティングが必要だ」と思ったら
グループウェアのスケジュール管理ツールで相手の空き時間を確認
オンラインミーティングでささっとつないで議論（ミーティングの様子は録画）
資料や議事録は、オンラインストレージに格納して
そのリンク先をチャットで共有
議事録は画面共有しながらオンライン上のドキュメント共有サービスで同時編集
ミーティング終了後、議事録と録画データが格納されたオンラインフォルダのリンクを関係者全員にビジネスチャットやメールで連絡
デジタルツールを駆使していない人の仕事の流れ
定例会議などオフィシャルな場でテーマを言語化し
お互いの空き時間をメールや電話で確認し
すべての候補日程の空き会議室を探して手配し
決定した日程をメールや電話で連絡し
資料を人数分印刷して
会議室の設営をおこない
会議室に移動し、会議を実施
会議終了後に議事録を作成し
議事録をメールで全員に送付し
修正の指摘があれば、修正し
修正した議事録をメールで全員に送付する

デジタルツールを駆使する人、駆使してない人の仕事の流れ

おわりに　だれしも半径5メートルの世界を持っている。そこから景色を変えていこう

バリューサイクルの世界観を図にするのに、およそ6年かかった。

私が「働き方改革」をテーマに活動を始めたのが2014年の秋。以来、350を超える企業・自治体・官公庁の現場のリアルと向き合い続けてきた。徐々に日本の組織の旧来の慣習や制度の問題点、および働き方改革の先にある本質的な課題が見えてきた。そして、それらの問題や課題は、「生産性」「ダイバーシティ&インクルージョン」「女性活躍推進」「ブランドマネジメント」「エンゲージメント」「インターナルコミュニケーション」「SDGs」「DX」など、日々インターネットメディアや新聞紙面を踊るマネジメントキーワードと表裏一体であると確信するようになった。すべてのキーワードは同じ宇宙でつながり、作用しあっている。

一方、これらのマネジメントキーワードは大げさかつビッグワードすぎて、現場の肌感覚には合わない。経営層は頭で理解できていても、現場の人たちにはまるで腹落ちしない。私自身、経営と現場を行き来しながら、その温度差にもどかしさを感じていた。経営と現場で悪気なく景色がすれ違い、相互に思考停止または行動停止する。経営は中間管理職のせいにし、中間管理職は経営と現場のせい

にし、現場は経営と中間管理職のせいにする。いつまでたっても、本質的に働き方もよくならなければ、マネジメントキーワードも解決できない。

また、いずれのマネジメントキーワードも悪気なく独り歩きする。「働き方改革」しかり「ダイバーシティ推進」しかり、人事部など特定の組織に任される。あるいは、「ダイバーシティ推進室」「DX推進部」「SDGs推進担当」などそのマネジメントキーワードを解決するための組織が創られる。これがまたうまくいかない。瞬く間に、そのマネジメントキーワードが自己目的化する。良くも悪くも真面目な日本人。過去50年以上にわたる統制型（ピラミッド型）の組織カルチャーとマネジメントの下で、言われたことをとにかく真面目に取り組む。社会や組織が望むゴールとずれていようが、時代背景にそぐってなかろうが、おかまいなし。与えられた目的を達成するために猪突猛進する。

これは人事部門など企業組織の特定の部門に限った話ではない。官公庁しかり、行政機関しかり。名指しは避けるが、自己目的化して暴走し、だれも幸せにしない組織がなんと多いことか。宇宙に例えるなら、それぞれの星々が単独でキラキラと輝こうとして、ほかの星の瞬きを邪魔する。いつまでたっても宇宙の平和は訪れない。

この切なさを、なんとかしたかった。

働き方改革を妨げる問題・課題と、マネジメントキーワードのつながりを説明可能にしたい。
日本の組織のイノベーションを妨げているものの正体を明らかにしたい。
経営と現場の「景色合わせ」をし、マネジメントキーワードを立体的に解決できるようにしたい。

「4つのオープン」がコラボレーション、イノベーションを促進する

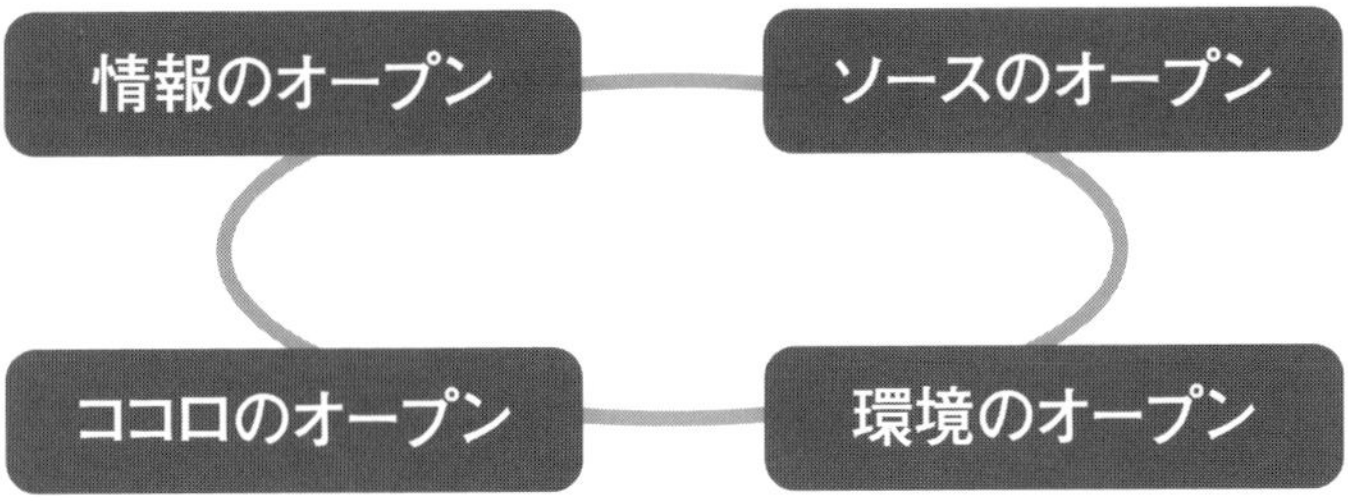

4つのオープン

そんな思いで、私は「健全な組織のバリューサイクル」を描き始めた。

そろそろ同じ宇宙で、同じ世界観で、私たちの問題・課題をオープンに議論し、オープンにつながりあって解決しようではないか。その先にある、理想の姿を実現しようではないか。

本書で、私はオープン型（コラボレーション型）へのシフトの合理性を強調した。いかなる組織も、私たち1人1人も、部分的にでもオープンに進化していく必要がある。

私は、企業向けの講演などで「4つのオープン」を説明している。

- 情報のオープン
- ソースのオープン
- 環境のオープン
- ココロのオープン

自組織あるいは自分自身のビジョンやミッション、抱える問題・課題、理想の姿、得意とすること、不得意とすること、やりたいことをオープンにすることで、そのテーマに共感するファンや協力者とつながることができる。意志決定や日々の業務を遂行するために必要とする情報を、抱え込むのではなくむしろオープンに共有することで、解決のスピードが速くなる。情報を共有された人たちのエンゲージメントが高まり、チームの一体感とパフォーマンスが向上する。

ソースをオープンにする。IT業界には「オープンソース」という言葉がある。オープンソースとは、コンピュータを動かすプログラムであるソースコードを広く公開し、利用や改造や頒布を制限しない取り組みをいう。公開することで、ITエンジニアが組織を超えて自由に議論し、ソースコードや使われている技術そのものをよりよいものに発展させることができる。

IT業界以外に置き換えてみると、ソース＝「やり方」「仕事の進め方」と捉えることができよう。自社で取り組んだ業務改善のやり方、社内コミュニケーションをよくした取り組み、IT導入の費用対効果を算出する方法、採用や社員育成のノウハウ……このようなノウハウには秘匿性のないものもあり、オープンに発信していきたい。他社の同じ悩みを抱えている人たち、同じ立場の人たちがあなたたちのもとに集まり、新たなヒントや新たな解決策を得られるかもしれない。

情報は、発信する人のところに集まる。そうして、あなたたちのところにノウハウがどんどん蓄積される。ノウハウを強化する最も有効な方法は、自らノウハウを発信することであるといってもいいだろう。ノウハウを惜しみなく発信してくれる組織は、ファンを寄せつける力、つまりブランドパワーも高まる。「この企業はオープンな社風だ」その認知が高まり、オープンな人材もより集まる。

組織と組織、人と人、知識と知識がオープンにつながりあうためには、環境もオープンにする必要がある。固定的なメンバーで、固定的な場所に集まり、固定的な時間軸で働いているだけでは、今までのやり方の無理や無駄や慣れた不便に悪気なく気づきにくい。新たな解決策も新たな発想も生まれない。オフィス環境やIT環境をオープンにしよう。全社共通の事務手続きなど、バックオフィス業務もペーパーレスかつオープンな働き方に最適化させよう。がんじがらめで統制的な環境から、新しきは生まれない。

情報、ソース、環境。これら3つをオープンにしていくと、やがて私たちのココロがオープンになる。オープンな環境がオープンな組織風土を生み、オープンな組織風土が環境をますますオープンにする。コラボレーションが生まれ、コラボレーションがイノベーションを生む。この、さわやかなスパイラルを創っていこうではないか。

1998年。私が大学を卒業し、社会人になったばかりの頃。当時はまだいわゆる「モーレツ社員」が企業組織の主流であった。深夜残業、サービス残業、休日出勤はあたりまえ。週5日×8時間以上働くことを、同調圧力により余儀なくされる。それに合わせることが「社会人らしさ」であり、合わせられない人はまるで落伍者のような目で見られた。

「理不尽だな」
「日本人は損している」

新卒1年目の私の率直な感想である。しかしながら「NO」と言うこともできず、嫌々まわりのオトナたちに合わせてきた。当時の私は何もできなかった。その無力さがただ切なく、情けなかった。

いま思えば、それはきわめて不健全な社会構造である。就職をまるで「人生の墓場」にしてしまったオトナたちの責任は大きい。それをただ眺めて見すごすのではなく、「俺たちも苦労したのだから」と今と未来を生きる世代に理不尽に押しつけるのではなく、正しく卒業しようではないか。理不尽な苦労のバトンをつなぐリレーをやめ、日本社会を健全にアップデートしようではないか。

●週5日×8時間も働かなくても、豊かな生活ができる社会
●プロがプロとして正しく活躍できる社会

こんな社会を本気で創っていきたい。そろそろ人間らしい働き方を取り戻そう。そうすれば、新入社員当時の無力な自分も浮かばれる。

本書を生み出すにあたり、今回も多くの仲間の協力を得ることができた。

オカムラ 河田佳美さんには、Open Innovation Biotope"Cue"の斬新なオフィスの写真を提供いただいた。河田さんは常にフットワーク軽く、自らオープンに仕事をされており、私はいつもインスパイアされている。

「武闘派CIO」の異名を持つ、フジテック 友岡賢二さんには、旧来型組織のリアルと正しく向き

合い、ITを活用して正しくアップデートする背中を見せていただいている。

NOKIOO役員 小田木朝子さん。「女性支援ではなく女性起点」ほか、小田木さんの発する、世の中の目を覚まさせる考え方やフレーズには心を揺さぶられる。これからも、小田木さんとともに世の中を揺さぶっていきたい。

本書でも繰り返し登場する「慣れた不便」。このパワーワードは、Box Japan執行役員 安達徹也（あだちてつや）さんからいただいた。安達さんの鋭くかつ的確な世の中の切り取り方には、いつもハッとさせられる。これからも、社会変革のよき同志であり続けたいと心から思う。

図表の制作には、私が取締役を務めるなないろのはな ITエンジニア 平野乃愛（ひらののあ）さんに力添えいただいた。私はデザインセンスがないため、本当にありがたくかつ頼もしい。

そして、私の担当編集者である技術評論社の傳智之さん。初作『職場の問題地図』以降、常にさらりと一段高いハードルを課してくれ、一歩先のテーマを切り拓くことができている。今や、私のかけがえのないイノベーションパートナーである。

皆様に、この場を借りて心からの感謝の意を表す。本書もまた、こうした仲間たちとの組織を超えたオープンなコラボレーションによる賜物であることを申し添えたい。

だれもが半径5メートル以内の世界を持っている。「組織を変える」などと大げさなことを言われると、だれもが思考停止、行動停止してしまう。しかし、「組織の景色を変える」なら、身近なところから、あなたの半径5メートル以内から、何かできることが見つかる。経営陣、部門長、部課長、リーダー、現場のスタッフ……各々の立場の人たちが、各々の半径5メートル以内の問題・課題、夢を言語化しよう。それらをオープンに共有しよう。共感するファンを見つけて、できることから小さく変えてみよう。大丈夫、半径5メートル以内から世界は明るく変わる。

本書および「健全な組織のバリューサイクル」が、あなたの半径5メートル以内からの「オープン&コラボレーション」の旅に役立てば、この上ない幸せである。

２０２１年２月　春色ほころぶ佐久間ダム（浜松市）にて

著者紹介

沢渡あまね
Amane Sawatari

あまねキャリア工房 代表。株式会社なないろのはな　取締役／組織変革Lab 主宰・浜松ワークスタイルLab 所長、株式会社NOKIOO顧問、ワークフロー総研（株式会社エイトレッド）フェロー。作家、業務プロセス／オフィスコミュニケーション改善士。

日産自動車、NTTデータ、大手製薬会社などを経て、2014年秋より現業。経験職種はITと広報（情報システム部門／ネットワークソリューション事業部門／インターナルコミュニケーション）。

350を超える企業／自治体／官公庁などで、組織変革、働き方改革、マネジメント改革の支援・講演・執筆・メディア出演をおこなう。

著書は『職場の問題地図』『仕事の問題地図』『働き方の問題地図』『システムの問題地図』『マネージャーの問題地図』『業務改善の問題地図』『職場の問題かるた』『仕事ごっこ』『業務デザインの発想法』『仕事は「徒然草」でうまくいく』（技術評論社）、『ここはウォーターフォール市、アジャイル町』（翔泳社）、『はじめてkintone』『新人ガールITIL使って業務プロセス改善します！』（C&R研究所）ほか多数。

趣味はダムめぐり。#ダム際ワーキング

組織変革Lab：https://cx.hamamatsu-ws-lab.com/
あまねキャリア工房：http://amane-career.com/
Twitter：@amane_sawatari
Facebook：https://www.facebook.com/amane.sawatari
メール：info@amane-career.com

●ブックデザイン——Design Workshop Jin
●DTP・作図——SeaGrape
●編集——————傳 智之

◉お問い合わせについて
本書に関するご質問は、FAX、書面、下記のWebサイトの質問用フォームでお願いいたします。
電話での直接のお問い合わせにはお答えできません。あらかじめご了承ください。

ご質問の際には以下を明記してください。
・書籍名
・該当ページ
・返信先（メールアドレス）

ご質問の際に記載いただいた個人情報は質問の返答以外の目的には使用いたしません。
お送りいただいたご質問には、できる限り迅速にお答えするよう努力しておりますが、お時間をいただくこともございます。
なお、ご質問は本書に記載されている内容に関するもののみとさせていただきます。

［問い合わせ先］
〒162-0846
東京都新宿区市谷左内町21-13
株式会社技術評論社　書籍編集部
「バリューサイクル・マネジメント」係
FAX：03-3513-6183
Web：https://gihyo.jp/book/2021/978-4-297-12016-0

バリューサイクル・マネジメント

～新《あたら》しい時代《じだい》へアップデートし続《つづ》ける仕組《しく》みの作《つく》り方《かた》

2021年 5月 13日　初版　第1刷発行
2021年 6月 12日　初版　第2刷発行

著者　沢渡《さわたり》あまね
発行者　片岡巌
発行所　株式会社技術評論社
東京都新宿区市谷左内町21-13
電話　03-3513-6150　販売促進部
03-3513-6166　書籍編集部
印刷・製本　昭和情報プロセス株式会社

定価はカバーに表示してあります。

造本には細心の注意を払っておりますが、万一、乱丁（ページの乱れ）や落丁（ページの抜け）がございましたら、小社販売促進部までお送りください。送料小社負担にてお取り替えいたします。

ISBN978-4-297-12016-0　C0034
Printed in Japan